ECOS NA ETERNIDADE

ECOS NA ETERNIDADE

Pelo espírito Tarsila
Psicografia de Christina Nunes

Ecos na Eternidade
pelo espírito Tarsila
psicografia de Christina Nunes

Copyright @ 2011 by
Lúmen Editorial Ltda.

1ª edição – Agosto de 2011

Direção editorial: Celso Maiellari
Assistente editorial: Fernanda Rizzo Sanchez
Revisão: Maria Aiko Nishijima
Projeto gráfico e diagramação: Francisco Martins/Casa de Ideias
Arte da capa: Daniel Rampazzo/Casa de Ideias
Impressão e acabamento: Gráfica Parma

Dados Internacionais de Catalogação na Publicação (CIP)
(Câmara Brasileira do Livro, SP, Brasil)

Tarsila (Espírito).
  Ecos na eternidade / pelo espírito Tarsila ; psicografia de Christina Nunes. -- São Paulo : Lúmen, 2011

  Bibliografia.
  ISBN 978-85-7813-047-3

  1. Espiritismo – 2. Psicografia 3. Romance – I. nunes, Christina. II. Título.

11-07125   CDD-133.9

Índices para catálogo sistemático:
1. Romance espírita : Espiritismo 133.9.9

Rua Javari, 668
São Paulo - SP
CEP 03112-100
Tel/Fax (0xx11) 3207-1353

visite nosso site: www.lumeneditorial.com.br
fale com a Lúmen: atendimento@lumeneditorial.com.br
departamento de vendas: comercial@lumeneditorial.com.br
contato editorial: editorial@lumeneditorial.com.br
siga-nos no twitter: @lumeneditorial

2011

Proibida a reprodução total ou parcial desta
obra sem prévia autorização da editora
Impresso no Brasil – *Printed in Brazil*

O que fazemos em vida ecoa na eternidade...
(do personagem Maximus, no filme Gladiador, de Ridley Scott)

SUMÁRIO

Apresentação 9

Introdução 16

Caminhos da Alma 21

O Que Não Aproveita 27

Investigando 34

Redespertar 45

Passeio Instrutivo 52

Defrontando Realidades 62

Jesus em Pauta 69

No Centro de Pesquisas Regressivas 76

No Brasil 82

O Segredo de Judite 89

Perguntas e Respostas 96

Roupas, Música, Afazeres 105

O Gatilho do Destino 112

Os Dois Lados da Mesma Moeda 121

Jardinagem e Vida 130

Notícias Surpreendentes 135

Novo Reencontro 141

A Lição Bem Aprendida 149

É Preciso Merecer... 160

As Lições que Atraímos 167

Katja 175

Ecos na Eternidade 185

A Influência do Invisível 191

O Dilema de Nicolai 201

Benjamim e Seu Filho 207

Redimindo Um Passado 217

O Pedido de Casamento 226

A Corrigenda de Nadav 233

De Volta a Elysium 239

Bernardo 245

Epílogo 256

APRESENTAÇÃO

Tarsila, já de há muito, compõe o rol de almas amigas que nos orbitam as jornadas evolutivas.

Durante várias estadas na matéria ela nos acompanhou, ora como aparentada tão sensata quão afetuosa, ora como parceira de peripécias, de importância de ordem emocional indiscutível, sobretudo durante o repertório incontável de acontecimentos em que ela e minha médium, unidas, privaram do contexto físico terreno.

Ainda atualmente, compartilhando com grande intimidade de nossos ideais e pontos de vista, bem como de escolhas de percurso, aqui se acha, de boa vontade, empenhada em colaborar, neste momento, nos caminhos de nossa tarefa literária junto aos reencarnados, que se expande e se modifica de maneira feliz, e de molde a proporcionar o concurso de mais amigos, que vêm somar aos nossos esforços despretensiosos as suas próprias narrativas, nas quais a descrição de seus aprendizados particularizados contribuí, de forma única, para o entendimento dos que seguem mergulhados no obscurecimento da matéria, acerca do que seja a continuidade da vida nas múltiplas dimensões invisíveis que a compõe!

Assim, e embora enfatizando não se tratar, esta hora, de uma despedida pessoal para com aqueles leitores que se veem familiarizados com o teor das obras anteriores de nossa autoria, queremos efetivar mero recuo, oportuno e ocasional, para os bastidores de nossa grata tarefa literária, a fim de proporcionar que outros amigos realizem os seus intentos de comunicação de impressões e de vivências, em parceria mediúnica adequada com a médium que nos serve de instrumento às iniciativas.

Esperamos, na oportunidade, que Tarsila, como irmã muito bem-vinda e estimada nas rotinas de nossa lide, tanto em Elysium quanto junto aos reencarnados, possa comparecer também, junto ao leitor e leitora de boa vontade, como amiga sincera.

Assim como acontece conosco em nossa intimidade, se evidenciará, em seus relatos, que ela possui habilidade natural e encantadora para conquistar corações e sentimentos, por meio de sua bondade terna, espontânea, no instante em que soma à sua jornada, de si produtiva, mais este labor de esclarecimento e de semeadura de paz e de esperança aos que prosseguem na trajetória fugaz dos dias na Terra.

Com a amizade e estima do costume.

Caio Fábio Quinto

***

Eu acabava de assistir ao filme Nosso Lar, a versão cinematográfica histórica do diretor Wagner de Assis para a obra

*homônima e recorde de vendagem de Chico Xavier, contando
a história do espírito do médico André Luiz, que precisou se
reformular drasticamente a fim de se adaptar aos moldes de
vida depurados da magnífica cidade situada nas esferas invisíveis sobre o Rio de Janeiro.*

*Achava-me em puro estado de graça, e dominada pela emo-
ção, confessei de mim para mim mesma que, pelo menos, tenta-
ria nunca mais reclamar que detesto desengordurar panelas!*

*Certo, já conhecia o conteúdo luminoso do livro, o primeiro
de uma longa série em que André nos relata com tocante maestria as minúcias de vida dessa estância diamantina do espaço.*

*Nela, conhecemos quão pouco nos servem os títulos acadê-
micos do mundo material para as necessidades mais comezinhas da continuidade da vida nessas paragens, onde as
atividades simplesmente prosseguem, esfervilhantes, quanto
inegavelmente mais avançadas, se comparadas aos parâmetros terrenos. Aprendemos, com André Luiz, que a matriz de
tudo de mais atual na fugacidade dos nossos dias na carne, e
do que a ciência oficial tanto se orgulha, possui, em verdade,
a sua nascente nessas dimensões da existência, nas quais milhares de almas labutam e depuram-se em suas idiossincrasias, preparando-se para novas etapas corpóreas nas quais
vêm emprestar as suas contribuições nas mais diversas áreas
da atuação humana!*

*Sobretudo, entendemos, em caráter definitivo, que não
existe forma alguma de felicidade plena fora do trabalho e da
atividade constantes e do exercício consciente do amor aos
nossos semelhantes e a toda expressão de vida presente na
Criação!*

Todavia, tendo acessado essa primeira obra nos idos já distanciados da minha adolescência, e tendo com ela me encantado logo ao primeiro contato, muito me foi depois acrescentado ao roteiro extenso de estudos espiritualistas, que me fascinaram em caráter definitivo o espírito, pronto para a semeadura daquelas realidades maiores.

De família kardecista, Nosso Lar fazia parte da ainda modesta biblioteca de minha mãe. Todavia, e embora lhe escutasse sempre os relatos entusiasmados sobre este e outros livros espíritas, basilares da Codificação, como O Livro dos Espíritos, nunca, nem ela ou qualquer outro familiar, impunham-me, peremptórios, a escolha por esta diretriz de entendimento da vida! Ao inverso, Nosso Lar foi por mim escolhido em impulso espontâneo, dada que sempre fora à leitura e à escrita desde a idade mais incipiente – tendo, porém, cativado o meu espírito, em iludível identificação de contexto e ideologia, desde que lhe folheei as primeiras páginas!

Passou o tempo, portanto, e decorridos muitos anos, durante os quais ingressei na fase adulta, terminei identificando sintomas iludíveis de tarefa similar no território mediúnico e na parceria com outras equipes do invisível, com a publicação posterior de livros espíritas de autoria de meu mentor desencarnado, Caio Fábio Quinto.

E eis que, como nos predisse Kardec, e para grande júbilo de todos nós, simpatizantes do Espiritismo e espíritas, Wagner de Assis e grande elenco nos presenteiam, em 2010 – ano do centenário do saudoso Chico Xavier! – com a magistral versão para o cinema da história comovente do médico terreno, que, até hoje, do espaço, pontifica a favor da humanidade reencarnada, com seu respeitável histórico na literatura espírita em parceria inesquecível com a psicografia de Chico, o mestre amoroso da fraternidade para todos nós, brasileiros.

A partir, portanto, da assistência desse filme único na história da nossa cinematografia, em contínuo, algo se destravou no meu próprio cotidiano, no qual vivenciava, então, um impasse – vindo provar que tudo é sempre interligado nas atividades das grandes famílias espirituais que atuam coligadas em ambas as dimensões da Vida Maior, em prol de um objetivo comum a favor do progresso efetivo da trajetória humana rumo a um mundo melhor.

Terminara de publicar nosso sexto trabalho psicografado, coroando uma série de seis romances espíritas, nos quais o meu mentor, Caio Fábio Quinto, um antigo militar do Exército Romano, oferecera ao nosso exame as lições do seu percurso nas variadas reencarnações vividas em companhia de um mesmo grupo espiritual com quem mantivera, no intervalo de vários séculos, estreitos vínculos, tanto de afetividade quanto de natureza cármica negativa.

Findo esse estágio, portanto, com a publicação de Pacto de amor eterno, que veio encimar-lhe o testemunho extenso em tocante narrativa descritiva da vida de uma família camponesa italiana nos idos da Idade Média, uma parada se impôs, indispensável.

Sabia que alcançara seu término uma fase feliz de nossos trabalhos, e que outra se iniciaria, com meu mentor encaminhando ao nosso ambiente doméstico de atividades novos irmãos da esfera invisível, com quem passaríamos a elaborar inusitado laboratório.

A finalidade, eu bem pressentia, visava a obras baseadas em outros testemunhos; daqueles que, de boa vontade, nos compareciam para contar de seu próprio aprendizado evolutivo, ilustrando ao leitor interessado com cada vez mais minúcias do que se constitui a vida sem fim a nos aguardar sempre, mais adiante, em processo de melhoria e de aprendizado contínuo, ininterrupto.

Mas o laboratório comprovou-nos, com o passar dos dias e de tentativas indefinidas que não chegavam a conquistar continuidade nem termo satisfatório, que haveria de se verificar, sobretudo, química fluídica entre o novo espírito comunicante e a médium. De modo que duas experiências se seguiram, dificultosas, em períodos de pacientes e laboriosos ensaios, com meu mentor se fazendo vivamente presente na apresentação dos novos amigos e no incentivo ao meu espírito, então mergulhado em incertezas e receios. Porque, se as narrativas outrora fluíram maravilhosamente por ocasião dos trabalhos anteriores, em virtude da estreita empatia vibratória sedimentada entre ele mesmo e a sua médium, agora, haveria de se acolher de boa vontade os irmãos que a nós se juntariam naquela nova fase, intentando somar esforços ao noticiário da vida invisível aos reencarnados. Haveria de me entregar, sem esmorecimentos, aos ensaios de natureza mediúnica, até que a tomada se encaixasse no soquete mais apropriado!

Textos, assim, foram começados e descartados, logo depois, ou simplesmente reservados a renovadas tentativas. Até a data em que, e como dito no princípio desta introdução, em tomando contato com a versão visual excelsa da obra de André Luiz, um acasalamento altamente propício houve de uma dimensão de vida para com outra – certamente beneficiado pela sintonia de alta voltagem espiritual propiciada durante a assistência ao filme, exibido em um dos grandes cinemas do Rio de Janeiro!

Apresentou-se, assim, inusitadamente, nova oportunidade de trabalho conjunto com irmã procedente de outra dessas cidades espirituais magníficas das dimensões etéreas ao redor do globo, Elysium – já do conhecimento do leitor familiarizado ao conteúdo de nossas obras anteriores; e, em um único impulso, durante uma tarde ventosa de domingo, principiamos a presente obra, de autoria de Tarsila, que hoje nos comparece para oferecer seus testemunhos particulares de algo a mais do que constitui a qualidade da vida nas esferas invisíveis, acima dos círculos da materialidade.

Destarte, e embora se trate, sabidamente, de alma afeiçoada à minha, de outras jornadas do passado, deixarei chance a que ela mesma se apresente ao leitor, a partir do que nos presenteará com suas narrativas instrutivas.

Em agradecimento a Jesus, a Caio Fábio Quinto e às equipes amparadoras por mais esta oportunidade de Luz; também a Celso Maiellari e à equipe esmerada da Lúmen Editorial, sem cujo aval e acolhimento confraterno estas realizações literárias espíritas não se fariam possíveis, deixo, de minha parte, também o meu carinho ao leitor amigo, nesta nova fase de nossa caminhada.

Christina Nunes (médium)
5 de setembro de 2010

INTRODUÇÃO

Novos amigos se introduzem em conhecimento.
Reconheço a ocasião revestida de importância particular,
já que prenuncia renovada triagem de trabalho entre partici-
pantes unidos pela afeição a partir de dois planos da vida.
Variadas vezes anteriormente estagiei em Elysium, a es-
tância da esfera invisível familiar a um mesmo grupo de nos-
sa estima, que em muitas oportunidades comparece unido em
múltiplas circunstâncias evolutivas, revezando jornadas na
matéria e nas dimensões espirituais.

Nesta oportunidade, acho-me sediada com amigos em co-
lônia espiritual estabelecida nas esferas da invisibilidade pró-
ximas à cidade material da atual estada da médium. E
objetivamos oferecer, aos estimados leitores e leitoras, uma
narrativa atrativa, de modo a satisfazer eventuais dúvidas e
atender o seu interesse no Mundo Maior, a partir de detalhes
concernentes à mera continuidade do caminho, após cerradas

as cortinas sobre os que prosseguem na jornada física, com simples "até logo" e "até o próximo reencontro".

Ocorrência tão corriqueira na vastidão infinita de nossas jornadas, ao portador de condições vibratórias espirituais minimamente condizentes, tudo no desencarne acontece de maneira simples quanto um abrir e fechar de olhos, entre o começo do sono noturno e o iniciar de um novo dia.

Todavia, quão demorada é a chegada do entendimento de que, após a transição corpórea, e a exemplo do que é comum na sucessão dos dias terrenos, inexiste a separação de fato, assim como a tememos, em caráter definitivo e doloroso!

Difícil o alcance definitivo da certeza de que seguimos, apenas, na direção de novas vivências de crescimento, de trabalho e de auxílio mútuo, em processo idêntico ao que acontece diariamente na carne, quando deixamos o lar saindo a serviço das necessidades de contribuição ativa para as múltiplas esferas de atividades de uma coletividade imersa na materialidade!

Com essa certeza, a criança não desanda em depressão regada a lágrimas pelo afastamento que sabe temporário dos pais, no serviço diário. Segue, ela mesma, ao necessário aprendizado escolar; seus pais, ao trabalho cotidiano! Após o que, ao fim do dia, todos se reveem; reencontram-se em breve, para as horas gratas do descanso e da troca sadia de afeto, do diálogo, e de planos para o dia posterior, com o anoitecer!

Continua, assim também, a nossa jornada infinita, após os dias somente um pouco mais longos de labuta material terrena.

Os que deixamos nas cidades e mundos do invisível, saindo em busca das experiências do aprendizado corpóreo, apesar de naturalmente saudosos, conhecem que, decorrido o tempo *preciso, sobrevirão, radiosos, o reencontro e a celebração do afeto, e de mais uma conquista no território do apoio mútuo!*

Os que se foram para a materialidade não haverão de se recordar, e talvez que apenas intuir o acompanhamento carinhoso de que são objetos durante o seu tempo de exílio.

Suspirarão, ocasionalmente, como que por um lugar e tempo de deleite que não chegam a lhes emergir com clareza à camada consciente das lembranças embotadas pelo cérebro físico. Todavia, os que ficaram nas estâncias espirituais cheias de atividades felizes quanto inimagináveis ao reencarnado, conhecem, lúcidos, ambos os lados da história. Inspiram e apoiam, quanto podem, os entes queridos afastados em intervalo breve de aprendizado.

Aos que se demoram na carne, todavia, não tão breve lhes apresenta a sucessão encadeada do nascer e do pôr do sol!

Só acordarão para a fugacidade do sonho, efetivamente, na ocasião do retorno; na retomada efetiva da consciência de que a matéria é mero capítulo mergulhado nas extensões infinitas da eternidade, onde a vida real é justamente a que reassumimos quando despertos dos necessários períodos de esquecimento nas estadias carnais!

Não se deu diferente conosco, no fecundo percurso de nossos dilemas e experiências particulares.

Guardando as lembranças mais acessíveis das origens das nossas trajetórias espirituais nas remotas terras germânicas e fronteiriças ao mar Báltico, extenso foi o caminho posterior vivido em múltiplas nações, dentre as quais se nos destacou, mais acentuada no campo de vivências importantes, a Itália milenar.

Comparecemos também, em percurso entremeado, nos territórios holandeses e espanhóis, para, mais recentemente,

*usufruir experiências no contexto evolutivo de países histori-
camente mais jovens, dentre os quais desempenhou papel importante o Brasil.*

*Na arena das vivências marcantes, e tendo em vista o
encadeamento certo e justo da colheita para cada contexto
nestas fases materiais de aprendizado, sobressaiu-se, inigualável às demais nas suas implicações evolutivas, o havido na ocasião da grande guerra, nos idos da década de 40.
Época em que a antiga habitante de terras germânicas durante os tempos tribais saturados de beligerança veio, como
judia, resgatar e expiar. Porque, já fortalecida em entendimento para tanto, requisitou, sob a sábia orientação superior, a participação naqueles aspérrimos episódios, que
haveriam de nos esgotar algumas das mais graves pendên-
cias espirituais, de cujos resíduos nocivos restava o nosso
perispírito saturado, desde aqueles brutais períodos históri-
cos da humanidade!*

*Dentre tantas outras informações que nos comparecem
oportunas, do ocorrido após aquela última transição de um
para o outro lado da vida, é o que vimos dar testemunho no
presente trabalho literário espírita.*

*Doutra feita, existem, também, razões todas particulari-
zadas e especiais que requisitam a reencarnação, em terras
brasileiras, de um contingente incontável de espíritos desen-
carnados que já contam com este extenso passado evolutivo
em nações muito mais idosas espalhadas pelo orbe terreno!
Porque um país novo propicia alijamento de velhos vícios!
Funciona como papel em branco, onde se podem zerar iniciativas equivocadas e reiniciá-las, de maneira mais sábia.*

Principia-se, desse modo, uma missão de fôlego, no sentido de se encaminhar gloriosamente o destino de um grande agrupamento espiritual reencarnado e, assim reunido, com finalidades importantes e específicas. Dentre tantas, a renovação dos círculos vitais e da história mundial do planeta, com outros ciclos culturais, e chances novas de avanço e de progresso para imenso contingente de almas necessitadas de reverem percursos, de se melhorarem e de reconstruírem, de maneira mais sábia, os seus destinos nos infindáveis caminhos para a Luz!

Essa, basicamente, no decorrer dos últimos cinco séculos, vem sendo a nossa particular proposta de encaminhamento no aprendizado pessoal, consoante o eleito em comum por almas afins, e por outras tantas necessitadas de participação no programa traçado pelos emissários superiores da espiritualidade. Objetiva-se, assim, a sedimentação de maior parcela de progressos e de felicidade no futuro terreno, bem como o avanço contínuo de muitas almas em sucessivo processo de dilapidação de si mesmas!

Oferecemos, pois, este testemunho singelo, de uma trajetória de aprendizado dentre tantas, em caminho ascendente contínuo por entre revelações e descobertas que nos descortinam a inadiável revisão de conceitos do que concerne a autêntica felicidade humana, leitor e leitora amiga.

Na oportunidade abençoada desta seara de trabalho literário, sob os influxos perenes da inspiração de Jesus!

Com estima,
Tarsila
Setembro de 2010

CAPÍTULO UM
CAMINHOS DA ALMA

Quantas vezes, no joguete enganoso das emoções expe-rimentadas durante as vidas materiais, comparecem ao entendimento de agrupamentos específicos espalhados no orbe, noções equivocadas do que concerne, de fato, a essência de cada alma em sua jornada, homem ou mulher? Das causas primeiras e objetivos maiores de todos os aconteci-mentos, no encadeamento sucessivo das etapas da caminha-da infinita?

Ao dar entrada em Elysium[1], fui acolhida por uma das centenas de equipes socorristas em ação frenética de resgate nas regiões astralinas terrenas mais densas, saturadas de energias deletérias desencadeadas pelo furor brutal de uma

---

1 Elysium – colônia espiritual sediada nas camadas astralinas mais depuradas, acima da região da Campânia, no território físico da Itália. Morada destinada ao acolhimento, estadia, refazimento e desenvolvimento da criatividade dos seres em favor da vida (Nota da Autora Espiritual).

das mais sanguinárias guerras da história da humanidade. Não guardava nem ao menos um centro de identidade bem definido que me proporcionasse recordar com nitidez de todos os episódios que culminaram no arremate doloroso daquela minha última romagem material.

Menos ainda, portanto, e durante muito tempo, poderia me ver em condições de rememorar os fatos longínquos na esteira do passado, que serviram de semeadura para tal colheita amarga.

Muito havia que entender, curar e me depurar intimamente. Muito se exigiria do meu processo de burilamento, até que transcendesse as camadas superficiais do profundo trauma desencadeado pela mágoa da humilhação, da tortura flageladora dos escaninhos mais recessos da dignidade humana por nós vivenciadas durante aquele período aspérrimo.

Pesado saldo cabe à humanidade expurgar, como resultado da semeadura pungente. Em nenhum instante, podemos nos iludir a respeito da herança de ordem espiritual vibratória funesta, que coube como débito a ser quitado ao equilíbrio da vida a todos os participantes que, de alguma forma, voluntária ou involuntária, contribuíram, naquelas décadas já afastadas, para que a balança pendesse de modo tão dramático e desfavorável ao supremo respeito que, a qualquer tempo, devemos aos aspectos sagrados da vida na Criação, e a seu delicado equilíbrio, sem nos furtar a criar pesada dívida a ser cobrada em tempo certo a cada semeadura, maior ou menor.

Ao deixar Elysium, décadas antes, meticuloso plano fora traçado com a melhor das intenções, em conjunto com mais um agrupamento numeroso e específico de almas afins, visando à continuidade do aprendizado que só resta eficiente de dentro dos contextos da carne. E, muito embora, sabedora dos episódios dolorosos que nos esperavam na conjuntura política difícil pela qual atravessaria o mundo em escala crescente, nenhum de nós supunha, nas suas piores especulações, as cores reais do quadro deprimente que nos aguardava, em toda a sua extensão, e respectivas implicações que nos diriam respeito mais de perto!

Reencarnara, desta sorte, julgando convenientemente que os tempos de barbárie poderiam talvez ser relegados, tão somente, ao esquecimento da própria trajetória percorrida no passado longínquo.

Já sabedora das leis que regem os episódios da Lei de Ação e Reação, infalíveis para cada lance eleito na construção da nossa ascensão espiritual, todavia, talvez tenha camuflado em perspectivas por demais otimistas, no que se relacionava à minha própria resistência ao sofrimento, a verdade de que as sementes de toda e qualquer atitude, por mais pequeninas que sejam, nos minutos modestos que nos compõe os dias na carne, residem, indeléveis, na alma. E de que estas só são definitivamente extirpadas como inúteis por meio das convicções colhidas a duras penas, por intermédio das lições sábias e redentoras, apesar de ríspidas, proporcionadas pela colheita devida a cada cultivo individual.

Eu renascia, assim, judia, no aconchego de uma família de bem e de um lar confortável da Polônia, que, e muito embora os melhores propósitos alinhavados no período prévio à reencarnação perante os mentores e familiares amáveis da invisibilidade, haveria de padecer todo o histórico mais hediondo de horrores jamais perpetrados contra o ser humano em períodos anteriores. Para retornar, anos depois, em idade ainda juvenil, aos dezenove anos, com a alma profundamente dilacerada, amortalhada em chagas e em labaredas inclementes que compareciam como a extinção definitiva, não apenas de toda a referência de identidade ou de dignidade; sequer, ainda, da noção do que concernia como a mais comezinha condição humana!

Após as vivências terríficas de anos de flagelação contínua no campo de concentração de Auschwitz (Oświęcim, na língua polaca), desencarnava assim, combalida, a alma feminina, esvaída na sua anterior compreensão frágil das coisas e do mundo.

Sabia apenas que renascera amada e feliz, como parte de família numerosa – para ser atirada, ainda incipiente, em torvelinho tenebroso, indescritível de forças que me compareciam diabólicas e positivamente aquém de qualquer concepção humana!

Eu haveria que assimilar, já no mundo espiritual, e decorrido o longo tempo de agonias e refazimento posteriores àquelas aspérrimas vivências, que nada do que eu e os meus então compatriotas sofreram nas mãos nefastas dos direcionamentos insanos da guerra refletiria novidade, no repertório pessoal obscurecido de algum instante de nossa jornada milenar, situado em época apagada de nossas lembranças espontâneas mais recentes.

Sim. Noutros tempos recuados, fôramos, nós, os componentes das tribos germânicas tidas como bárbaras, que, sem piedade, nos extremos períodos turbulentos de combate contra Roma, trucidáramos, flageláramos e torturáramos com requintes de selvageria os nossos inimigos seculares, não distinguindo entre guerreiros ou famílias compostas por mulheres, crianças ou adolescentes!

Mulher que fora, combativa, conforme os costumes exóticos daquelas eras findas, guerreara com furor e ódio que em nada devera ao mais truculento de nossos soldados de linhas de frente. Tanto no uso do arco e da flecha, quanto da faca, esmeráramo-nos no abate do que consideráramos mera caça que juráramos vingar, cruentos, sanguinários, para logo após proceder à descarga brutal de nosso ódio de povo vencido e dominado, assassinando, esquartejando, incinerando seres vivos e indefesos a se esbaterem terrificamente em fogueiras gigantescas acesas ao abrigo das noites frias das florestas fechadas.

Separávamos crianças de suas famílias e as escravizávamos, para, insensíveis, muitas vezes, deixá-las morrer à míngua de tudo, e de todo o conceito possível de dignidade humana, mesmo os havidos naqueles tempos apagados nas névoas do passado da humanidade!

Mas não queremos, desta feita, ferir a sensibilidade do leitor e leitora que nos agraciam com a sua generosa atenção, estendendo-nos demasiadamente sobre essas minúcias dolorosas.

Preferimos resumir a lição com proveito para o momento, afiançando que, apesar de todas as atrocidades sofridas por este povo estigmatizado e ora honrado e dignificado, nos tempos atuais, em razão de seu histórico passado de sofrimento inigualável nos repertórios de desacertos hediondos do mundo, nos idos da década de 40, nada do que aconteceu foi aleatório ou caótico, ou destituído de sua causa primeva. Nada, e nenhum movimento na Criação, é fundamentado em caos ou acaso. E, a despeito de nosso desnorteamento momentâneo e incompreensão temporária das causas maiores de tudo, Deus, em suas leis exatas quanto justas reina, soberano, no controle de todos os destinos, que vão convergindo paulatinamente para um contexto mais elevado do que seja um estado autêntico de felicidade.

Todos, sem exceção, e por causas variadas que os alinhavaram em terrífica, aspérrima prova comum, assim compareciam em hora aprazada de colheita para o plantio equivalente, em ocasiões muitíssimo anteriores.

Plantando fel, ódio e horror, magnetizamos estes mesmos padrões, indelevelmente, aos espíritos então profundamente inconscientes dos movimentos e leis que, no universo e a qualquer tempo, nada mais são do que equânimes, e de um rigor impecável na organização e equilíbrio com que compele as criaturas no rumo inexorável da própria dilapidação íntima!

Efetivamente, muitos dos chamados *bárbaros,* que outrora pagaram à orgulhosa Roma, no mesmo ceitil, as atrocidades, quitavam de forma contundente e dolorosa sua dívida de ordem evolutiva, para que pudessem assim, posteriormente, ascender mais libertos, quais espíritos redimidos, para destinos mais leves, luminosos, plenos de realizações e felizes no seu caminho ininterrupto para outras vivências desconhecidas.

CAPÍTULO DOIS
O QUE NÃO APROVEITA...

Ao reabrir os olhos no plano espiritual, detinha, nos primeiros momentos, a ilusão reconfortadora, embora insólita, de que deixara o terrífico circo de horrores vivenciado havia pouco, de maneira incompreensível, para ser recolhida por mãos provavelmente angélicas à mera continuidade da vida, mas em contexto diametralmente oposto ao que os nervos dilacerados já se viam adestrados no decurso dos últimos cinco anos.

A memória apagada da ressurreta no mundo dos espíritos, todavia, ainda se demoraria a me valer de modo adequado a que compreendesse em toda a extensão a realidade maior. E havia mesmo que se dar assim, de maneira paulatina e não traumática.

Mas identificava ao redor um quarto de hospital limpo, luminoso, e de um silêncio profundamente acalentador.

Notas musicais diáfanas, celestiais, flutuavam distantes, como se estivessem diluídas naquela atmosfera profilática.

Percorrendo a visão algo enublada nos arredores daquele local, que ainda me fugia a um entendimento mais claro, como bem-vindo embora inusitado sonho bom, todavia, outra novidade logo se revelou ao meu espírito perdido em um emaranhado confuso entre a sensação de vazio íntimo e o mal-estar orgânico ainda impressivo deixado pelas lesões profundas do sofrimento anterior.

Identificava, em leitos próximos ao meu no quarto espaçoso, dois rostos queridos, muitíssimos amados, que me acompanharam nas experiências últimas da carne: minha mãe, minha irmãzinha mais nova – mergulhadas em sono profundo e reparador.

Mais adiante, movimentavam-se duas figuras femininas, reclinadas em um aparador sobre o qual se viam objetos enfileirados, que deduzi serem destinados aos cuidados dos que se viam acolhidos no ambiente repousante.

De pronto, o raciocínio embotado segredou-me a presença de servidoras operosas de algum hospital bem aparelhado. Mas, antes que pudesse estender maiores reflexões sobre as razões da situação atual, uma das duas mulheres se voltou, como que adivinhando o meu despertamento, e deixando entrever o seu semblante juvenil, que adivinhei de imediato simpático à primeira impressão de meu íntimo combalido.

A acompanhante era mais idosa. A mais nova fez-lhe um gesto gentil, indicando-me. E, ao sorriso satisfeito com que foi atendida, aproximaram-se, prontas e solícitas, do leito em que eu estava.

– Querida Esther! Afinal despertou! Como se sente? – indagou a mais jovem das assistentes, inclinando-se para mim com sorriso francamente cativante.

Tentei articular resposta, mas descobri que minha voz se assemelhava a um sopro para cuja emissão havia de se despender ainda grande empenho físico.

– Como estão Ariel e mamãe? – canalizei meu primeiro pensamento para as duas almas queridas que se achavam a pouca distância, ainda dormindo.

– Devem acordar em breve – a senhora de modos ativos e prestimosos logo procurou acalmar minhas primeiras dúvidas, externadas em forma de preocupação para com as demais ocupantes dos leitos próximos.

Todavia, os nervos exasperados não me permitiam, naquele primeiro minuto de consciência, após a confusa passagem da morte traumática para o repouso luminoso do aposento, outra atitude que não me ver presa à carga emocional aspérrima que me dominara toda, até o último instante que antecedeu o desprendimento corporal abrupto do qual fomos vítimas.

Assim, e como o restante do despertamento, a estas primeiras impressões, eclodisse impetuosamente, a profilaxia salutar da nova situação não se mostrou suficiente a que me desviasse a contento das imagens e sensações poderosas que ainda me subjugavam. E lágrimas amargas assomaram irresistivelmente, ante a visão das parentas queridas que me ladeavam em estado exânime.

– Ariel não merecia passar por todo este monstruoso sofrimento... com apenas doze anos! Onde... onde está o Deus de nossa fé?!...

E soluços repentinos alçaram-me os ombros, a descarga emotiva intensa empolgando-me irresistivelmente todo o ser, como tormenta desencadeada à moda de represa que tem rebentada, violentamente, todas as suas comportas.

As duas assistentes prestimosas trocaram entre si olhares de entendimento mudo. E, uma delas, de novo a mais jovem, debruçou-se gentilmente sobre mim, ao passo que a outra senhora se entregava a variadas providências, saindo em busca de um copo com líquido azulado no qual provavelmente existia algum medicamento eficiente para se ministrar aos pacientes no meu estado.

– Esther, entendemos a sua angústia. Todavia, considere que tudo é passageiro, e já agora se acham, você e as parentas queridas, em nossa companhia, em ambiente diverso de tudo o que passaram. No seu estado, entendemos que se situam apenas no limiar do que se recomeça, e que há de, doravante, prosseguir, noutro lugar e situação. Contudo, peço-lhe, no momento, apenas uma resposta, que já servirá para que comece a se situar na realidade feliz que a acolhe: o que você vê em volta? Sim, querida. Agora, aqui...

A pergunta era simplória demais para tudo o que me convulsionava as emoções e pensamentos desordenados, e custou-me dar conta da intenção e do proveito do que me indagava.

Entendendo minha perplexidade ao que dizia, a jovem desconhecida, mas gentil, insistiu na questão.

– Responda-me, o que vê à sua volta? O quadro agudo de sofrimento que deixou para trás ou um lugar e condições em tudo diversos do que tanto, e ainda, a aterroriza?

Fixando a moça solícita e vestida em trajes brancos, que me compeliam à confiança em possível enfermeira diligente na dedicação aos cuidados comigo e com minhas aparentadas, demorei por breve instante a atenção no olhar inegavelmente carinhoso com que me instigava a responder-lhe a pergunta indefinível. E aquela emanação de energia cariciosa, mais que qualquer outro fator, foi o que me arrastou da suprema hesitação que me dominava para um arremedo de confiança, a despeito de tudo, para, afinal, responder reticente:

– Outro lugar... outras pessoas e situação... mas... não posso confiar... – relutava, incapacitada momentaneamente de me desprender por completo das recordações angustiosas e obsessivas que me escravizavam dolorosamente o espírito... Merenstein também parecia confiável... foi ela que... que...

Não pude prosseguir. Lembranças aspérrimas, dolorosíssimas, assomaram-me de roldão à tela mental, e prorrompi em pranto convulsivo, sem que pudesse me conter.

A isso, a jovem assistente, carinhosa como irmã, acomodou-se ao meu lado, pondo a mão delicada na minha fronte e pressionando um lenço alvo cujo frescor perfumado balsamizou-me a emanação febril como maravilhoso sedativo de efeito instantâneo e eficaz.

– Sim, Esther... compreendo seus receios. Mas tendo em vista a realidade presente, conviremos que o quadro ingrato das lembranças do que já se foi não se coaduna com o que testemunha agora, nem se aproveita mais à sua atual conjuntura. Referiu-se ao Deus da sua fé! – E, trocando olhares de comum acordo com a companheira, que me deitava aos lábios trêmulos o líquido providencial, aplacando a secura ardente que calcinava minha boca e garganta, continuou: – Não lhe ocorre que o fato de se acharem aqui, neste local que em tudo difere das vivências anteriores, amparadas por mãos amigas, não indicia, por si, a ação infalível da Providência deste mesmo Pai zeloso de todos nós a seu favor? Deus nunca nos deserda, irmã!

– É o que tudo aparenta... – insisti, ouvindo-a, presa ao quadro traumático que circunscrevia minhas percepções da realidade ao cenário dantesco do lugar e companhias das quais proviera havia um tempo que não podia precisar, como se houvera baqueado durante período indeterminado num interstício de inconsciência indefinido do ponto de vista temporal... – Mas... a guerra já acabou?! Merenstein...

– Merenstein não se encontra aqui. Pertence a uma realidade que já deixou para trás ao ser acolhida nesta Casa, em nossa estância de repouso, minha irmã... – só então a assistente mais idosa pronunciou-se, também em auxílio do que me dizia a sua companheira:

– O que ficou para trás, esteja certa, não mais nos aproveita!

E, enquanto interrompia meu desabafo irrefletido, entre olhar uma e outra mergulhada em incertezas e perplexidades, novamente a enfermeira mais moça falava, arrematando, em tom de voz enternecido de cuja sinceridade não pude mais duvidar, mesmo que ainda me flagelassem os resquícios desoladores do supremo mal-estar físico remanescente da situação de indigência anterior combinados às incertezas do momento.

– Doravante, para tudo o que precise neste novo tempo inicial, contará conosco. Somos suas cuidadoras nesta Casa. Chamo-me Luciana, e esta é Clarissa... – apresentou-se a enfermeira mais moça, e a senhora, que ainda ministrava cuidadosamente o medicamento nos meus lábios débeis... Contarão conosco para tudo de que precisem, e, mais doravante, com muitos outros amigos, que haverão de encontrar no momento certo, no decorrer dos próximos dias...

CAPÍTULO TRÊS
INVESTIGANDO

Diversas vezes, nas horas posteriores, as duas cuidadoras prestativas retornaram ao quarto banhado constantemente pelas luzes peroladas do que aparentava um começo de dia ensolarado e balsamizado por leves perfumes florais, que se adivinhavam na atmosfera tépida e estranhamente sedativa do ambiente.

Difícil precisar a duração do tempo nas atuais circunstâncias. Na ausência das condições cotidianas usuais, não saberia definir quantos dias ou noites haviam decorrido desde que me vira irresistivelmente derrubada na perturbadora inconsciência da realidade mais palpável das coisas.

Por duas vezes, minha cuidadora mais moça retornara, sempre sorridente, trazendo alimento de sabor agradabilíssimo: um caldo de aspecto leitoso diluído, que, apesar de aparentemente inócuo e destituído de propriedades nutrientes suficientes para sanar-me a funda debilidade, ao contrário, produzira gradativamente maravilhoso bem-estar e refazimento das minhas condições orgânicas.

Conforme foi correndo o tempo no silêncio repousante do cômodo onde, todavia, mantinha-me desperta, cuidava, por minha vez, do sono do qual minhas familiares adoradas não despertavam, para minha franca preocupação.

A certa altura, não podendo com a inquietação que aquelas circunstâncias inalteradas me provocavam ao espírito inquieto e me sentindo mais disposta, com algum sacrifício consegui me colocar de pé. E, sem atentar devidamente ao dispositivo prático de chamada das assistentes disponível bem ao lado do meu leito, experimentei alguns passos cuidadosos até a porta fechada, descerrando-a e espiando curiosamente para o exterior.

Olhei novamente para minha mãe e irmã adormecidas. Ao que notava, apenas dormiam tranquilas, e não mais demonstravam nas feições o abatimento doentio de que no início davam mostras, exibindo esgotamento físico e espiritual idêntico ao que anteriormente me flagelara.

Então, demorei-me naquela hesitação durante somente mais alguns instantes. Observei um pouco o movimento do lado de fora. Pessoas iam e vinham. E, afinal, num único impulso, encorajei-me a ensaiar alguns passos ao longo do corredor limpo e convidativo.

Algumas pessoas aparentavam ser pacientes, à semelhança das minhas próprias condições, e seguiam a passos vagarosos, acompanhadas de parceiros com quem palestravam em tom discreto, e que sugeriam cuidadores idênticos às mulheres agradáveis que me assistiram no quarto. Outras, provavelmente funcionárias, movimentavam-se, diligentes, empenhadas em atividades cuja finalidade eu mal poderia suspeitar.

Destarte, conforme avançava na caminhada indecisa pelo corredor extenso e sequenciado por várias portas enfileiradas ao longo das paredes claras, deduzi, pelas dimensões avantajadas daquele estabelecimento desconhecido, que sua função mais provável seria o atendimento dos que estavam nas mesmas condições que eu e minhas parentas.

Assim, investigando, um tanto tímida, encorajei-me a andar um pouco mais.

Minha situação atual mergulhava-me em inevitáveis quanto tumultuadas cogitações no que se referia àquela momentânea conjuntura. Não atinava com o que nos poderia ter acontecido depois do episódio hediondo do gás ardente do qual nos vimos vítimas no campo Auschwitz.

Pressupunha, talvez, o fim da guerra, com alguma reviravolta favorável à vitória contra o flagelo inominável do nazismo. Contudo, de entremeio a estas suposições confusas que por ora não encontravam solução a contento no meu íntimo, preocupava-me, preferencialmente, como justificativa daquela iniciativa de evasão voluntária de meu cômodo de repouso, encontrar alguém em condições de me oferecer novidades sobre o estado de minha mãezinha e minha irmã Ariel.

Precisava, mais do que tudo, tranquilizar-me devidamente acerca daquele sono profundo do qual não se demoviam já havia algum tempo, que não poderia precisar.

No trajeto, contudo, tinha a atenção involuntariamente atraída desses pensamentos e preocupações prioritárias para o que acontecia ao redor.

Assim, reparava nas condições extraordinariamente atraentes do ambiente daquela Casa que sugeria ser uma clínica de excelentes características nas suas instalações.

A um canto, arranjos graciosos de flores multicores em vasos grandes, bem situados sob a projeção direta de luz de alguma das janelas extensas, guarnecidas de material cristalino imaculado, translúcido. Todas davam passagem ampla às claridades peroladas do lado de fora. Noutro ângulo, saletas onde grupos sustentavam diálogo visivelmente afetuoso ou reconfortador, acerca de temas ininteligíveis.

Notava que a música suave e celestial se mantinha ininterrupta, flutuando na atmosfera ambiente. Todavia, em notas suaves, não perturbavam a paz do local, funcionando como pano de fundo reconfortador dos cenários repousantes de cada ala da instituição.

Quadros de pinturas paisagísticas belíssimas, confeccionadas em cores delicadas por mãos de artistas de virtuosismo indiscutível, ornamentavam, aqui e ali, as paredes de cor branca imaculada. E, conforme avançava, entreouvia risos e sorrisos cristalinos soando de dentro dos ambientes dos prováveis quartos pelos quais passava, cerrados por portas de contornos ovalados e encimadas, cada uma, por números e letras específicas.

Tudo de uma calma aconchegante, curativa aos meus nervos depauperados. Em todos os rostos com que deparava, apenas semblantes amigáveis e nítidas expressões de consolação íntima nos pacientes que ali se achavam em identidade de circunstâncias para com a minha própria situação.

Lançando o olhar ao longo de uma das grandes portas de acesso ao lugar, e, divisando por entre o movimento dos transeuntes uma nesga de cenário no qual se adivinhava o de natureza paradisíaca para além da entrada do edifício, veio-me a tentação irresistível de, enfim, sondar a área externa, atraída por aquela iluminação sedativa e refrescada pelos ares aromáticos que invadiam a Casa. Desviei meus passos naquela direção.

Uma intercessão súbita, proferida em tom de voz cordial, todavia, frustrou-me, num primeiro momento, meus propósitos.

– Ah! Querida Esther! Então, já se acha em condições físicas bem melhores, e eis que a encontro aqui, passeando! Fui ao seu quarto para administrar-lhe o medicamento!

Voltei-me, entre surpresa e mal achada, mas encontrando com Luciana, a minha cuidadora mais nova, logo me descontraí dos receios da censura que a minha atitude desautorizada pelos trabalhadores da Casa pudessem vir a suscitar.

– Luciana! Perdoe-me, mas a aflição com o estado de minhas parentas me compeliu a sair à sua procura!

Luciana parou diante de mim, o olhar aceso de uma luz algo inquisitiva, mas sempre bondosa.

– Sim? Mas se acham bem as suas queridas familiares! Apenas se faz necessário a elas um período de repouso mais dilatado, e haveremos de respeitar as necessidades de cada paciente em particular! – e em me estendendo novamente um copo cheio daquele líquido de sabor peculiar que já ingerira algumas vezes antes, confirmava, sorrindo-me: – Apenas dormem, Esther! Beba, e se de fato se sente disposta à breve caminhada em minha companhia, haveremos de andar um pouco, pois lhe é de bom alvitre! E aproveitaremos para conversar!

Luciana oferecia-me o braço, gentil, enquanto eu aceitava o líquido medicamentoso, levando-o aos lábios um tanto mecanicamente. E principiei logo por dirigir-lhe minhas perguntas a custo contidas:

– Esclareça-me então, por favor, e para começo, Luciana... para qual hospital fomos transferidas depois de baqueadas pelos efeitos daquele indizível horror?! Quem nos encontrou e recolheu? A guerra chegou a termo, enfim? Não é, com certeza, este departamento hospitalar, alguma extensão dos hediondos domínios da suástica... – havia medo evidente no tom de voz trêmulo com que me exprimia ao inquiri-la, reparando de pronto no modo entre meigo e compadecido com que me fitava. – Por Deus, diga que não é!

Mas Luciana logo me tranquilizou quanto a este pormenor.

– Por certo que não, minha irmã! Sossega o seu íntimo! E o que posso por ora lhe afiançar, para que se despreocupe um tanto a mais, é que para vocês, aqui acolhidas nesta Casa confraterna, de fato os horrores da guerra são findos!

Mas o tremor involuntário despertado pelas lembranças que ainda me povoavam o íntimo assombrado me dominava.

– Ainda sinto em meu olfato, e até no paladar, o horrível odor daquelas línguas ardentes, que eram como que se aderissem, calcinantes, à nossa pele desnuda, Luciana!

– Vamos até a entrada, para que então você se reconforte contemplando algo de realmente belo, que, penso, vai auxiliá-la a se desprender um pouco dessas tristes recordações...

Caminhamos em silêncio durante alguns instantes em que, perdida numa confusão de emoções contraditórias, era compelida a, sem sentir, ter a atenção atraída pelas incontáveis novidades que iam surgindo diante de meus olhos.

Saindo através do grande portal de acesso ao prédio, e, voltando-me para olhar, de pronto acometeu-me grande surpresa com o aspecto, ao mesmo tempo majestoso e encantador da edificação.

Não me recordava de ter observado nada parecido anteriormente, durante o meu curto período de vida anterior.

Depois, voltando-me ao cenário que se estendia a perder de vista à nossa frente, enquanto descíamos degraus rasos onde muitos indivíduos se movimentavam deixando ou buscando o acesso ao edifício, outra surpresa magnífica.

Belíssimo parque recortado por bosques, canteiros ajardinados em profusão, e por um vasto rio de águas cristalinas, se estendia, imenso, à nossa frente, banhado pelas claridades de um sol radioso nos céus límpidos acima.

Em toda aquela extensão, difícil descrever com fidelidade o grande movimento de seres a passeio, acompanhados também de cuidadores, ou ainda solitários, ao longo das alamedas arborizadas que seguiam das proximidades em variadas direções.

Crianças corriam alegremente, supervisionadas sempre por adultos que lhe seguiam os passos ou que as observavam a partir de assentos rupestres confortáveis postados caprichosamente nas cercanias de onde brincavam.

Fascinada, sem nada poder dizer num primeiro momento, a impressão inicial era de que fora hospedada, por razões ainda ininteligíveis, em estância médica de algum parque esplendoroso, mas desconhecido, noutra região do país onde nascera e vivera.

Impossível, todavia, precisar exatamente o que de fato acontecia. Assim, ao ganharmos a avenida limpa e ensolarada, Luciana, notando com facilidade meus questionamentos, buscou novamente o diálogo proveitoso.

– Vê?! – sorria, entre amistosa e paciente. – O que acha? Repare na disparidade da situação de onde se encontra agora para com o que alegou há pouco a respeito dos seus temores!

– Todavia, ainda necessito de explicações. Reconforta-me a presença de duas de minhas familiares ainda em repouso no quarto, bem como o acolhimento inegavelmente generoso que nos oferecem nesta nova situação, Luciana! No entanto, preciso entender como viemos parar aqui! Quem nos trouxe? E onde se acham meu outro irmão e o nosso pai?...

Luciana indicou o parque coberto de relva verdejante à frente, apontando um dos banquinhos rupestres, próximo ao rio cristalino.

– Sentemos, para as devidas explicações. Seu estado já permite algum movimento salutar nos nossos parques; mas não, ainda, que se canse mais do que o conveniente...

Atendi o convite com gosto, porque o recanto para onde nos dirigíamos, de resto, era sumamente convidativo e de aspecto acolhedor, sob a sombra de gigantesca árvore frondosa e florida.

Uma vez acomodadas, entreolhamo-nos, e era visível à minha cuidadora os questionamentos irrefreáveis que a custo continha no meu íntimo.

– Onde estou, Luciana? O que aconteceu?...

– Está entre pessoas amigas em um local em que poderá imprimir grata continuidade aos seus planos de vida, Esther! Você e os seus!

– Mas... em que local do país se situa esta estância por mim desconhecida?...

A confusão em meu semblante não se demovia, e isso era bastante claro à jovem atenciosa que me assistia.

Havia no todo de seu comportamento, de outro lado, um quê de reconfortador e familiar que não me deixava entregue ao desânimo ou desesperança absolutos.

Algo desconhecido me segredava que teria em breve todas as respostas, e que estas inaugurariam, realmente, uma etapa mais feliz na minha vida e na de meus familiares.

Luciana tomou entre as suas as minhas mãos, com simpatia.

– Querida, ainda não sabe... a resposta ao que me pergunta não é talvez a que espera, não é simplista. Mas certamente feliz; uma boa novidade, que implica a você e a todos os que aqui chegam renovação e chances de grande refazimento! Todavia, creia-me: dentre os que a ladeiam, é a que mais se acha em condições de entender com rapidez! E, tanto melhor, isso se verifica para que imprima aos seus dias oportunidades e planos renovados, de vez que o passado, por mais sofrido que seja, não nos interessa mais, a menos que para reflexão proveitosa e reestruturação positiva de nossas atitudes e pensamentos, a partir do que vivenciamos!

– Bem, então, se me acho em condições de entender, não demore mais com as respostas, por favor! Sinto grande simpatia por você e sou grata por antecipação por tudo o que tem mobilizado junto a nós! Fale! Sinto-me disposta e refeita de saúde, e não precisa temer minhas reações ao que tem a me dizer, por mais difícil que seja a minha conjuntura atual!

– Ainda se julga na Polônia? – sondou Luciana, com amabilidade.

– Mas não nos achamos em nosso país?!... – duvidei, ainda mergulhada em hesitações sem respostas satisfatórias. Mas isso seria apenas por pouco tempo.

– Achamo-nos em nossa pátria eterna e comum, querida! É natural que não identifique com exatidão, em um primeiro momento, a realidade do que lhe acontece! – Luciana suspirou, ainda de mãos dadas comigo, o belo olhar castanho passeando pela paisagem perfumada e exuberante do derredor. – Afinal, após a passagem, e em dependendo do nosso despertar, tudo se nos comparece tão usual e cotidiano que se torna difícil delimitar solução de continuidade! Tudo é absolutamente semelhante ao que nos vemos afeitas e familiarizadas...

– Pátria eterna?!... – a interrompi, todavia, em ligeiro sobressalto íntimo. – Q... que me diz?! Não a compreendo bem...

Todavia, aquela mesma voz íntima que identificava na assistente bondosa alguém confiável e amiga, como uma aparentada próxima, parecia querer vir à tona, somente para confirmar o que de algum modo misterioso já sabia, apenas relutava em admitir.

Luciana voltou para mim o olhar jovial e amistoso, que momentaneamente devaneou ao nosso redor, para me confirmar, com encantadora simplicidade.

– Esther, as agruras impiedosas da guerra pertencem àquele mundo de contrastes extremos no qual você e seus estimados estagiaram até há pouco! Agora, é hora de se alegrar, pois, após todos os sofrimentos atrozes que lhe experimentaram as fibras mais sensíveis, enfim, veem-se libertos, e prosseguem a caminhada, em locais mais salutares da Criação grandiosa do Senhor!

Devo ter ficado lívida naquele primeiro minuto em que, enfim, as coisas se faziam mais claras ao meu entendimento, porque Luciana, observando, atenta, as minhas mais ínfimas reações, pausou com naturalidade, apenas à espera de minhas primeiras palavras ao que revelara.

No entanto, no começo só pude balbuciar, entre estática e presa de um desnorteamento invencível nas ideias.

– Os sete céus do Torah...

– Sim, querida irmã... onde reside toda a Glória do Senhor... – a outra apenas completou, reticente, respeitando o vagar com que minha compreensão emergia da realidade anterior já finda, para aquela, inesperada, absolutamente espantosa, como atordoador divisor de águas que, contudo, de si, tantas maravilhas, instintivamente, me prenunciavam...

CAPÍTULO QUATRO
REDESPERTAR

Única, a sensação de se redespertar após o despertar! Como conciliar a novidade do momento aos princípios aos quais me condicionara no curto decorrer de minha vida mais recente?

No repertório religioso ao qual me fizera afeita, a imagem dos sete céus[2] me comparecia como algo indistinto, nebuloso. Jamais, sequer, me ocorrera a possibilidade de sua realidade após a transição assim, concreta, consistente, palpável, como simples adormecer em meu confortável leito de antes para, depois, apenas acordar em local indefinível. Como se fora transportada, desacordada, para alguma estância aprazível, florida, ignota, tanto quanto diametralmente oposta ao circo de horrores que viera vivenciando havia pouco, durante os lances aspérrimos da

---

2   Sete Céus: terminologia religiosa do Torah judeu, para a composição da Criação de Deus (Nota da Médium.)

guerra que atingiram de forma dantesca todos os meus compatriotas.

Doutra feita, não poderia negar que, em algum setor oculto de meu ser, residia a certeza de que nada havia, naquilo, de surpreendente – aquela mera continuidade da vida! Algo indistinto me segredava que não poderia ser de outro jeito.

Nada mais compatível com a grandiosidade suprema do Criador de todas as coisas, ao qual aprendera a reverenciar desde a mais recuada meninice, durante as cerimônias afins à religiosidade dos meus mais recuados ancestrais.

A certa altura daquela palestra inesquecível, alguém se aproximou de nós, nem bem ainda me refizera daquelas primeiras notícias surpreendentes.

Outro assistente da Casa que nos acolhera comparecia com um aviso importante, o todo de sua presença igualmente amável às minhas impressões.

– Este é Nicolas! Reside conosco há bastante tempo nesta estância, e haverá de nos ser importante amigo no decorrer dos próximos dias! – contou Luciana, sempre atenciosa.

A uma saudação tímida de minha parte, o moço bem-apessoado e gentil logo revelou a que veio, escusando-se da interrupção.

– Desculpe a interferência no seu período de instrução, Luciana, mas é que as outras suas tuteladas acabam de despertar! Clarissa incumbiu-me de avisá-las!

A isso, de pronto saltei do banquinho, a respiração opressa.

– Oh! – juntava as mãos, presas entre a alegria e a preocupação extrema. – Finalmente! Como elas estão, senhor Nicolas?! Bem, espero!...

– Mas sem nenhuma dúvida. Apenas que, muito naturalmente, ansiando por notícias suas! Faço-vos companhia de volta a Casa!

– Obrigada, Nicolas! Não quereria que interrompesse as suas atividades usuais! Querendo, assumo com Clarissa a frente do caso, de vez que a sua participação, como sempre, vai se demorar ainda alguns dias!

– Da entrada... – sorriu Nicolas, de dentro da expressão sempre simpática presente no seu modo de se exprimir. – Retornarei ao Centro de Pesquisas Regressivas, pois ainda me aguardam dois casos para hoje! Até lá, porém, aproveito-me para introduzir grato entendimento com Esther, uma vez que brevemente a teremos em nosso departamento, para as devidas providências!

– A que ele se refere? – perguntei a Luciana, enquanto dirigíamos os primeiros passos de retorno, com certa pressa de minha parte.

– Nicolas, em nossa Instituição, é responsável por nos auxiliar na pesquisa de nossas experiências e aprendizado obtidos em nossas vidas anteriores! – a resposta veio de imediato, solícita.

– Que vidas anteriores? – novamente me confundi com aqueles termos para os quais minha memória ainda não se via completamente redesperta.

Nicolas esclareceu, paciente.

– O acesso devido, no momento certo, do que se viveu no passado milenar, nos quais tivemos participação ativa para o melhor ou para o pior, é recurso precioso do qual lançamos mão no processo terapêutico de reajuste dos recém-chegados às contingências de sua própria realidade individual, minha irmã! Mas não deve se inquietar por antecipação, porque tudo acontecerá na hora mais apropriada ao seu caso! Por hora, vamos nos deter com as necessidades do momento presente!...

***

Nicolas retomou caminho ao outro prédio mais afastado da Instituição, após se despedir com simpatia, na entrada florida da Casa de Saúde acolhedora na qual minhas familiares me aguardavam, já redespertas, na companhia de Clarissa e de mais dois assistentes que lhes verificavam carinhosamente as condições de saúde – um médico e um senhor que, à nossa entrada no quarto em que repousavam, foi-me apresentado como o agradável consorte de Luciana, também trabalhador antigo daquela vasta estância de repouso e tratamento.

– Estes são o doutor Cláudio, e Fabrizio, Esther... – Anunciou Clarissa, sorrindo-me, reconfortadora: – a cujos cuidados Ariel e a senhora Angelika estão muito bem entregues!

A emoção, no entanto, era ímpar ao deparar, sorridentes, mamãe e minha pequena irmã estendendo-me, ansiosas, os braços, de modo que nem atentei como se devia à apresentação prestimosa dos dois assistentes, que, todavia, apenas nos sorriam com serenidade, postados ao lado dos leitos, em expectativa.

Depois, ladearam Luciana e Clarissa, respeitando aquele momento único e tocante de reencontro e de expansão justa de emotividade.

Apertei em meus braços a mãezinha querida e minha irmã. Esta última, bem-disposta, fez logo o comentário condizente às impressões espontâneas de sua pouca idade:

– Oh, Esther! Como dormi! O que houve? E que belo lugar é este em que viemos parar! Tão diferente daquele cubículo sombrio e úmido em que estivemos por último, antes de adormecer!

De início, eu somente conseguia beijar-lhe sem parar as faces, agora novamente coradas e sadias, assim como mamãe, que deitava lágrimas francas pelo rosto em que ainda se notavam os sinais claros do desgaste provocado pelos últimos aspérrimos sofrimentos.

– Sim, queridas! A misericórdia de nosso Deus nos conduziu a este lugar de repouso e de belezas incomparáveis, que já testemunhei, e que logo vocês conhecerão, livrando-nos a todos do pesadelo indescritível! Deus seja louvado! – eu repetia, sumamente emocionada, juntando, às delas, os meus sorrisos e lágrimas.

Depois, lembrando-me da óbvia indelicadeza de minhas atitudes ante os assistentes amáveis que aguardavam, respeitosos, voltei-me para eles, desconcertada.

– Por favor, não reparem! É inevitável! Tanta preocupação mútua, senhores! Não lhes quero parecer ingrata para com os seus cuidados; qual o seu parecer sobre o estado delas, doutor... Cláudio? – arrisquei a pergunta, um tanto tímida, dirigindo-me àquele que nos fora apresentado como médico: um homem aparentando a idade madura, tez morena clara e fartos cabelos negros e lisos contrastando com uma fisionomia determinada cuja tônica era o olhar escuro aveludado, no qual se lia, ostensiva, a nobreza de atitudes inerente ao perfil da espiritualidade humana superior.

– Como aconteceu com você, Esther, apenas algumas horas a mais de repouso, e poderão deixar o leito para as primeiras incursões terapêuticas na nossa estância!

– Mas... qual foi o enviado do Senhor que nos retirou da terrível situação anterior, trazendo-nos, sãs e salvas, para este oásis de tranquilidade, como bem o adivinho? – intercedeu mamãe, emocionada.

A isso, foi Fabrizio quem lhe dirigiu um sorriso bem-disposto, acercando-se do leito onde nos reuníamos abraçadas.

– Os trabalhadores desta Casa agem com honestidade no esforço de servir ao Senhor de maneira digna, sem nenhuma dúvida, senhora! Não sabemos ainda se o fazemos de maneira merecedora das bênçãos todas que usufruímos no cotidiano comum que aqui compartilhamos diariamente...

– Bem... – Foi a vez de Clarissa acrescentar um comentário oportuno: – Uma vez verificada a condição salutar de saúde em todas, compete-nos deixá-las entregues à necessária expansão de confidências e sentimentos mútuos, que apenas ao universo sagrado de sua emotividade compartilhada interessa mais de perto! Mais tarde retornaremos, para novas avaliações e instrução!

– Esther... – Luciana se dirigia a mim, antes de alcançar a porta de acesso ao cômodo com os companheiros assistentes que, com ela, nos endereçavam breve despedida: – Prosseguiremos na palestra anterior, oportunamente! De seu lado, já pode dar conta das suas primeiras impressões do lugar às suas familiares queridas! – anunciou, risonha e gentil como de hábito.

E, antes que eu pudesse oferecer resposta adequada, quando deixaram o quarto, mamãe logo interpôs suas dúvidas. Ela e Ariel endereçavam-me olhares carinhosos e cheios de interrogações.

– O que ela quis dizer, Esther?...

– Não sei bem como explicar porque para mim tudo também ainda é apenas um começo, mamãe... mas creio que, assim como acontece comigo, em breve vocês vão me acompanhar na resposta exata a todas as nossas perguntas! Por ora, acredito que podemos sossegar e render louvores ao nosso Deus; porque quer me parecer que, afinal, estamos, de fato, entregues a mãos amigas...

CAPÍTULO CINCO
PASSEIO INSTRUTIVO

Caminhávamos por uma vereda sinuosa e silente da estância de repouso na qual estagiávamos, admirando com grande enlevo o modo como de ambos os lados era arborizada e moldurada de canteiros densamente floridos.

Pessoas, assim como nós, passeavam também pelo caminho atrativo, palestrando em tom discreto. Todas aparentavam bem-estar ou, quando não, perplexidade e reconforto com o cenário acalentador. Muitos, ficava claro a um primeiro olhar, eram recém-chegados sendo apresentados à estância – notávamos, eu, mamãe e Ariel, em constatando alguma palidez em seus aspectos convalescentes que, como nós, renasciam para a nova vida.

Tudo eram surpresa e um sem fim de questionamentos. Alguns dias haviam se passado no arremate de nossa recuperação, e ainda não obtivéramos detalhes maiores das circunstâncias que nos cercavam, até que ali, naquele momento oportuno, ocorreu à mamãe retomar as indagações dirigidas a Luciana e Fabrizio, que nos ciceroneavam na excursão instrutiva e terapêutica.

– Minha querida, ainda não sabemos nem ao menos o nome deste lugar maravilhoso! Agora, dou-me conta de que nos causa impressão o fato de não reconhecermos o local de nenhuma de nossas referências anteriores...

Luciana esclareceu de pronto.

– Acham-se hospedadas em Recanto das Águas, senhora Angelika! Esse é o nome desta estância acolhedora dos recém-vindos de variadas procedências, após a transição...

Luciana interrompeu-se e entreolhou-se com Fabrizio, com quem andava de braços dados. Notei que se diziam ter percebido que a resposta não apenas pouco esclareceu mamãe, como também acrescentou outras questões a mim e Ariel.

Mas foi Ariel, na sua espontaneidade de criança, quem após a próxima dúvida, que lhe aflorou, natural, às indagações, os olhinhos muito verdes rebrilhando, ansiosos por novidades.

– E este Recanto das Águas fica na nossa cidade?!...

– Não, querida! Recanto das Águas fica em Elysium! Eis o nome da cidade onde estão agora! – sorriu-lhe Luciana, carinhosa.

Grande admiração se refletiu nos semblantes, meu e de minhas familiares, enquanto trocávamos olhares interrogativos.

– Mas... que interessante! Nunca antes ouvíramos esse nome em relação a nenhum lugar de nosso conhecimento! – devolveu mamãe, hesitante.

– Por certo, nem poderiam, de fato! Elysium não se acha em nenhum território conhecido do seu último país de origem. Em verdade, é situada, antes, próxima às regiões campesinas da Itália! – ia explicando Fabrizio, mas, agora, era eu quem o interrompia, novamente confusa.

– Itália!... Mas... nem mesmo estivemos nesse país em qualquer ocasião, e menos ainda agora, no período hediondo da guerra... Teriam as forças nazistas, então, por alguma razão, nos transferido de Auschwitz para algum outro campo de concentração italiano?! Afinal, todos sabiam da aliança de interesses havida entre Mussolini e Hitler[3].

– De fato não estiveram, e também não houve modificação na sua última localização antes de as acolhermos em nossa cidade, Esther; é compreensível que apenas aos poucos vocês se situem melhor. Ainda tendem a confundir duas situações distintas, mas é preciso que sobreponham em seu entendimento que o que prevalece agora e sempre é a continuidade pura e simples da vida de vocês! – acrescentou Fabrizio, cuidadoso.

– Passaram pela transição física, querida amiga... – Luciana se esforçou por me esclarecer melhor, ainda daquela vez. – E vieram ter aqui, nesta cidade localizada em condições vitais diferentes das havidas na materialidade! Não se recordam agora, mas num passado muito distanciado já habitaram a Itália, em mais de uma oportunidade!

Fixei-a, inquisitivamente.

---

3   Benito Mussolini, primeiro-ministro italiano, cujo país participara do legendário Eixo que, na Segunda Grande Guerra, fora encabeçado pela Alemanha, Itália e Japão contra os países Aliados (Nota da Médium).

– Principiou, há alguns dias, alguma explicação a respeito, Luciana, e agora eis a ocasião para que elucide a questão
devidamente, não somente para mim, mas também para
minha mãe e Ariel!

Fabrizio apontou um ponto do parque em que se avistava
pequena praça relvada, de forma circular e graciosa, na qual
se viam, como recordávamos de nossa infância, alguns brinquedos curiosos e coloridos onde crianças se entretinham
em meio aos canteiros floridos.

Em avistando-a, Ariel não esperou segundo convite,
obediente aos impulsos espontâneos de sua idade, e dispa-
rou para lá.

– Deixemos Ariel entretida com alguma distração e sen-
temo-nos ali. Tudo será, aos poucos, esclarecido! – propôs o
amável esposo de Luciana, puxando-a pela mão.

Seguimos-lhes os passos, reconfortadas.

O sol se fazia de um calor e luz esplêndidos, e o azul
do céu se nos comparecia de uma tonalidade sublime,
desconhecida.

O conjunto do cenário era convite irresistível à palestra
de ordem superior, e já era mais fácil esquecermo-nos momentaneamente dos sofrimentos experimentados havia
pouco tempo.

Todavia, mamãe se revelava algo ansiosa com as implicações do que ouvira de Fabrizio.

Difícil admitir de primeira o sentido insinuado na declaração. Estaríamos mortas? Fora o que ele e também Luciana, naquele outro dia, quiseram dizer, mencionando aquelas
coisas por ora ininteligíveis?

Logo descobriríamos não se tratar, o que informaram, de algo diverso daquelas suposições ainda tecidas timidamente por nossa compreensão amortecida das lembranças do passado milenar, que já nos haviam conduzido àquelas paragens grandiosas inúmeras vezes anteriores.

Tão logo nos acomodamos nos banquinhos rupestres, pouco distanciados do local em que as crianças se entretinham, mamãe não conseguiu calar seus mais secretos receios e disse:

– Perdoem-me, senhor Fabrizio... quis o senhor e Luciana significarem o que com essas explicações? Como assim, passamos pela Itália outras vezes? Habitamos tão somente a Polônia na vida como a entendíamos até então... E o que quis dizer com o termo "transição física"?!

– Senhora Angelika, naturalmente, com o passar dos dias em nossa companhia, vocês vão se lembrar espontaneamente que a Polônia da materialidade as acolheu tão somente neste curto intervalo de anos que compreendeu a última vivência de vocês no mundo material; mas que outras vidas na matéria, e muitas, já existiram para vocês, e, em inúmeros outros países e lugares! A Itália nos recebeu em múltiplas oportunidades, e, nas vidas vividas neste país milenar entretecemos valiosos vínculos de afeto que se constituiu na liga amorosa que as atrai, agora, a esta cidade de uma outra dimensão, que as recebe, e a muitos outros, em identidade de condições, depois da passagem da matéria para a vida nas mansões espirituais do universo!

– Desculpe-me, senhor Fabrizio, mas isso não encontra correspondência em nossas recordações recentes, em vista do que se torna difícil de acreditar! – comentou mamãe, sem poder se conter na sinceridade de suas impressões agora aflitivas.

De fato, segurávamo-nos pelas mãos, como se estivéssemos em busca de proteção e reconforto ante aquela novidade que, num primeiro momento, se nos comparecia qual história fantástica.

– Natural que assim seja. Mas a passagem do tempo as conduzirá, sem nenhuma dificuldade, à constatação maior desta realidade, para tanto que lhes bastará vivenciar conosco o dia a dia em intimidade com todas as particularidades que observarão aqui, descobrindo que não encontram paralelo com nada daquilo de que se recordam mais recentemente... – Luciana nos consolou, como se notando a perplexidade tácita no modo como nos comportávamos.

Seria mesmo verdade?

A despeito de nossa relutância, alguma incongruência que se fazia óbvia no encadeamento dos últimos acontecimentos segredava tanto a mim quanto a mamãe que outra não poderia ser a explicação definitiva para o que deparávamos no presente momento.

Seria aquela novidade, então, os mistérios mais recessos de tudo o que compelia e nutria a intimidade das mais antigas religiões do mundo, sempre veladas nos seus segredos herméticos ao conhecimento pleno das populações?

Mas o rabino local da cidadezinha de nossa procedência nunca se referira assim ao teor do que nos aguardaria depois da morte.

Para além dos ritos e pregações de feição familiar do conteúdo do livro sagrado, nunca dissera assim dos céus, povoados qual na vida a que nos víamos habituados desde o nascimento. Com cenários praticamente idênticos, senão que notadamente melhorados; e, menos ainda, de renascimentos no corpo, ostensivos, mencionados, agora, sem nenhum pejo ou duplicidade de interpretações.

Para apaziguar-nos as perguntas que referviam em nosso íntimo de modo indisfarçado, o agradável tutor indicou com leve meneio um grupo assentado a pouca distância de onde nos achávamos.

– Atentem por breve momento na palestra promovida próxima de nós...

Silenciamos, obedientes. E, entre estarrecidas e desconcertadas, pudemos ouvir com clareza o que dizia pequeno grupo que praticamente nos ladeava no parque aprazível. Um instrutor da Casa Recanto das Águas, acompanhando um casal idoso sorridente, que, a julgar pelos modos tranquilos e adaptados, deveriam já habitar a estância há mais tempo do que nós.

–... de fato, senhor Donato, vivemos tempos, aqui na estância, de atividade intensa, para muito além do que a caracterizava antes das dificuldades que eclodiram em toda parte do mundo com o começo da guerra! Os recém-chegados da materialidade, diariamente, contam pela casa dos milhares. E cada cidade da banda invisível da vida se vê sobrecarregada; e, em decorrência, coligada, naturalmente, aos esforços umas das outras, para que acolhamos com eficiência o enorme contingente que vem desencarnando assim, em massa, com todas as minúcias particulares que se fazem precisadas de cuidados para cada caso individual!

– A senhora Madalena nos noticiou esta semana, para nosso desafogo maior, que, ao que aparenta, todo o martírio vivido nos principais países envolvidos no morticínio global se avizinha do fim! – comentou a esposa do senhor Donato. – Folgo que tal prenúncio se confirme, para que também sosseguemos, de nossa parte, acerca da sorte que aguarda futuramente os nossos afetos deixados por lá, quando de nossa despedida!

O instrutor amável confirmou.

– Ao que nos deu ciência os informes dos grupos trabalhistas atuando próximos aos reencarnados, um golpe duro, definitivo, mas profundamente sombrio e lastimável, colocará fim provisório à ordem maior de dramas vividos pelos nossos queridos envolvidos com o aprendizado da crosta terrestre, amigos! Haveremos que orar com fervor nesta hora difícil que se aproxima, bem como nossas falanges em serviço terão de se esmerar na recepção, depois deste curto intervalo até o arremate dramático dos muitos que chegarão aos nossos portais necessitados de socorro e de providências de resgate eficiente! Nem todos desencarnam nas condições evolutivas e de entendimento privilegiadas nas quais se viam quando os recebemos! – Notava, exibindo otimismo apesar do que dizia: – E, também, se faz necessário que confiemos, até o fim, em uma saída menos dolorida aos problemas graves que o planeta vivencia neste exato momento, e dos quais nunca é impossível de se reverter, até o último minuto, o rumo dos acontecimentos, desviando-se, pela iniciativa dos de boa vontade, o desfecho imposto pela dor, na direção da solução inspirada pelo amor!

– Mas... – ponderava a senhora, algo desalentada: – Desde os tempos do Nazareno o que se confirma é que a brutalidade dos instintos humanos sempre prevalece sobre o bom-senso, nos momentos mais decisivos da história da humanidade!

– Todavia, nunca a mensagem de Jesus empalideceu ou perdeu a sua força de vida, em horas de decisões individuais ou coletivas, nos destinos terrenos ou no íntimo dos que vão despertando para o destino de luz que aguarda a todos nos caminhos percorridos pela eternidade afora, senhora Júlia! – devolveu o mentor do casal, otimista. – E é assim que, gradativamente, muitos vão fazendo sua transição definitiva para condições mais felizes de consideração da vida, bem como para opções de convivência mais pacificadas para com o seu semelhante!...

Em, ouvindo aquilo, novas dúvidas me eram suscitadas, no silêncio de minhas considerações.

"O Nazareno!", pensei. "Certamente, a senhora mencionava o rabi da galileia! Aquele Jesus, a quem víamos, recentemente, de forma diferente do que toda a humanidade dita cristã tinha como fato indiscutível, no que se referia ao messianismo daquele homem notável que entre nós estivera havia quase dois milênios!"

A par do susto e das constatações surpreendentes que se impunham do diálogo mantido e entreouvido próximo de nós, acrescia esse aspecto delicado de todas as nossas considerações.

Todavia, outros grandes questionamentos se evidenciaram, no que se relacionava mais de perto aos nossos dilemas e preocupações. E foi a partir disso que interrompi a pausa de silêncio, na qual nos demorávamos atentos à conversa dos nossos circunstantes, para dirigir aos nossos cuidadores amáveis a pergunta, que se prendia havia vários dias a outra ordem de pensamentos aflitivos.

– Senhor Fabrizio... – disse, atraindo para mim sua atenção sempre serena e bem-disposta. – Angustia-me, e sei que também à minha mãe e Ariel, o paradeiro dos nossos familiares, entregues a destinos incertos desde a nossa partida... Assim, poderia nos oferecer informes de papai, de Baruch, nosso irmão... e de Nadav?

CAPÍTULO SEIS
DEFRONTANDO REALIDADES

Mamãe chorava copiosamente.

No curso das elucidações gradativas, fizera-se inadiável o entendimento de que, por mais que nos amássemos mutuamente e desejássemos a continuidade da convivência estreita que nos satisfizesse o aguçado estado de carência afetiva, cada qual haveria de colher, em tempo certo, o arremate das vivências necessárias ao próprio amadurecimento espiritual.

Foi assim que, à minha última pergunta, dirigida a Luciana e Fabrizio sob as claridades amenas daquela tarde perfumada nos jardins e parques da estância, os tutores amigos nos levaram ao entendimento necessário, mas difícil, de que nossos amados ainda não haviam retornado.

Depois de encaminhados a setores diversos dos campos de flagelação instalados na Polônia, cada qual incorrera em situação isolada de autêntica e martirizante escravidão.

Luciana ainda adotou o cuidado de nos reconfortar, assegurando que, do invisível, os numerosos grupos de assistentes

dos reencarnados em prova inspiravam, consolavam e forta-
leciam os ânimos dos que estavam entregues à prova sofrida.

Todavia, dos detalhes hediondos dessas provações sequer
imaginaríamos as nuances dolorosas, o que de si nos causava
profundo estupor, acentuado sofrimento íntimo.

Ao lado do que também atormentava mamãe, levando-a
às diárias lágrimas pungentes, em segredo também me flage-
lava o paradeiro do noivo estimado, que deixara entregue à
sorte depois de todos separados, sem conhecer-lhe o destino.

Em todas as vezes que tentara com os nossos detentores
alguma notícia que fosse dos assim apartados de suas famílias da forma mais bestial, tudo o que obtive foram castigos
atrozes e humilhações supremas, como resposta ao zelo afetuoso endereçado aos familiares e noivo queridos. Até que,
exânime, e entregue ao mais supremo desatino, esvaiu-se-
-me a coragem de forçar a sorte em busca de informes que
nunca vinham, cujo interesse só fazia agravar-nos os pade-
cimentos e distanciar-me da esperança de que em algum
momento os reencontraria, como falaciosamente haviam
nos prometido no instante doloroso da separação.

Retinha nas recordações a imagem triste de Nadav, afas-
tando-se rapidamente, os olhos azuis cristalinos úmidos,
mantendo-se de pé e rente ao portal escancarado do hediondo trem da morte, que levava nossos entes queridos
para destinos talvez ainda mais escabrosos.

Diziam-nos necessitar do trabalho braçal dos homens
em outros lugares, que deveria ser devidamente remunera-
do, assim como se recorreria ao das mulheres para outros
misteres condizentes.

Tudo mentira. As mulheres, de fato, serviam como escravas durante algum tempo, na confecção de vestuário tosco que atendesse a contento o avantajado número de prisioneiras que reputavam ainda úteis, antes de encaminhá-las ao destino final e lúgubre.

Mas muitas, antes ou durante esse processo, padeciam tortura intensa, desonradas ou espancadas por soldados ébrios ou ensandecidos, noite após noite, em alcovas deprimentes, ou no decorrer de festividades odiosas. E os homens, estes da mesma forma, eram escravizados em alguma circunstância que atendesse os interesses eventuais dos nossos carrascos. Mas, em muitos casos, foram encaminhados diretamente à chacina monstruosa, que arrebatou milhões de vidas judias por anos a fio, sem que sequer compreendêssemos com exatidão as razões da eclosão do que reputávamos como a hecatombe final da raça humana.

Velhinhos, homens em idade útil, e nossos meninos de variadas faixas etárias, não importava; todos foram igualmente explorados, à míngua das necessidades mais básicas, para afinal sucumbirem à insanidade de uma ideologia étnica e política que, ainda nos dias atuais, comparece aos nossos então compatriotas como a maior manifestação de insanidade coletiva já externada em toda a história humana!

Fora, pois, para a continuidade deste destino de flagelação que se encaminharam papai, Baruch e Nadav, sem que nada pudéssemos mobilizar a favor deles, a não ser derramando lágrimas e preces ao Deus de nossa fé?!

Incomensurável, a extensão de nossa perplexidade e inconformação impotente, ante a última notícia! E os nossos tutores, respeitosos, limitavam-se a respeitar o nosso extravasamento contínuo de dor, intercedendo não mais que de forma oportuna ao necessário reconforto de corpo e de espírito.

Induziam-nos, imperceptivelmente, com o passar dos dias, à adaptação gradativa, que nos reconduzisse com naturalidade a mais indagações.

A curiosidade, era certo, iria nos arrastar a situações outras que nos encaminhariam a mais respostas, e, por conseguinte, a maior lenitivo d'alma. Mas Luciana e Fabrizio, assim como Clarissa, experientes, sabiam de antemão que tal processo não se operaria da noite para o dia.

Passados alguns dias dessa palestra difícil, após a recuperação de mamãe e Ariel, eu saía novamente em companhia de Luciana, a meu pedido, em passeio mais longo pela cidade que nos acolhia.

Manifestara à jovial tutora a necessidade de vislumbrar paisagens, pessoas, novidades outras que me demovessem dos sentimentos martirizantes que nos flagelavam continuamente na reclusão ainda estreita da casa de repouso na qual refazíamos as nossas forças e saúde física.

Aleguei à tutora, com sinceridade, que sentia a impressão de que enlouqueceria naquele estado limítrofe de uma situação que, forçosamente, confinava-nos, sem que nada pudéssemos mobilizar de útil em favor de nós mesmos nem daqueles que nos importavam mais de perto.

Queria, assim, se possível, ver mais e entender mais. Talvez, a exemplo do que se dera no parque havia dias, escutando a palestra do casal de idosos com o seu cuidador, a partir do que nos vimos compelidas a, sem mais demora, aceitar a verdade qual se nos impunha, acerca da continuidade da vida para além da morte, deparasse com mais situações que me facilitassem com proveito um entendimento maior de toda aquela fase de aturdimento profundo que atravessávamos.

Luciana, a isso, somente me dirigiu o sorriso sábio e belo, comentando:

– Sua sensibilidade, como era de prever, escolhe o caminho certo, querida! E minha função é mesmo de lhe proporcionar novas oportunidades de compreensão e de acompanhar os seus avanços íntimos, gradativos, mas certos!

E, conduziu-me a nova incursão pela cidade, que, agora, nos acolhia, repleta de vida e de movimento em todos os recantos para onde olhasse.

– Planejamos, eu e Fabrizio, convidá-las a residir temporariamente conosco, depois de seu pleno refazimento, até que se situem adequadamente, alcançando maior compreensão das circunstâncias e das chances renovadas que as aguardam para reconstruir a vida! – declarou, com entusiasmo amigável.

A notícia me colheu de surpresa, tanto quanto de inevitável constrangimento.

– Oh! Quanto desprendimento, Luciana, mas não sei se deveríamos aceitar tal oferecimento, mais apropriado a íntimos... – comentei, manifestando os escrúpulos próprios do contexto de vida que deixara havia pouco para trás; mas, a isso, Luciana riu-se.

– Mas, Esther, quem lhe disse que não somos íntimas... e muito, arrisco lhe afirmar?!... – e, notando minha evidente perplexidade, embora o que ouvisse me proporcionasse certa consolação interior, com a sensação viva de que de fato me fazia rodear de antigos afetos de um passado do qual apenas, e momentaneamente, não me recordava, continuou: – Escute... por que não promovemos a visita ao nosso lar em Elysium? Situa-se em região campesina, que, creio, muito será do seu agrado! Há muitas flores e paisagens magníficas por lá!

A ideia me empolgou de imediato. Ainda assim, hesitei, um pouco inibida.

– Oh! Quanta gentileza... Por certo adoraria, mas... neste momento, mamãe e Ariel não se encontram conosco... e seu marido também não. Talvez não seja apropriado...

– Quantos escrúpulos, em alguém que em breve, espero, vai se recordar da grata amizade secular que nos vincula! – declarou Luciana, de bom humor, para minha surpresa ainda maior.

Depois, notando que eu apenas emudecia, sem ter mais o que dizer, visivelmente bem impressionada e tentada pelo convite atraente, tomou-me, amável, pela mão, puxando--me: – Vamos! Tomemos aqui perto o veículo que vai nos deixar no local em pouco tempo, e assim passaremos um dia agradável juntas!

E assim avançamos por calçadas bem cuidadas, todas ornamentadas com canteiros floridos de flores pequenas, parecidas com lilases, que exalavam maravilhoso aroma, em toda a sua extensão, até alcançarmos um ponto determinado, em que uma fileira de veículos pitorescos se revezava na condução de vários passageiros, rumo a destinos diversos da extensa cidade.

Entramos, e, sentando-me, experimentei a sensação maravilhada de me acomodar em algo flutuante, assim como aconteceria se me deitasse sobre um colchão balouçante de molas.

Notando minha indagação um tanto risonha, pueril na expressão encantada, como a de uma criança ante brinquedos novos de um parque de diversão, Luciana explicou:

– Tomamos um planador, típico de nossa cidade... – sorria, indicando o condutor que logo tomou lugar na direção do curioso transporte, solícito. – Por favor, senhor Valêncio... leve-nos até a ala sul das colinas de Elysium, região dos montes campesinos!...

– Agora mesmo, senhora... – prontificou-se o rapaz, saudando-nos com cordialidade.

Acionou dispositivo minúsculo do pequeno veículo flutuante, que se elevou alguns poucos metros, disparando em agradável velocidade pouco acima da avenida em que transeuntes iam e vinham, bem-dispostos em suas palestras ou atividades diurnas, sob as claridades diamantinas únicas daquele lugar encantador.

CAPÍTULO SETE
JESUS EM PAUTA

O quadro se revelou ao meu olhar extasiado em toda a extensão dos seus cenários deslumbrantes. Magnífica, a região campesina na qual nos deixara o transporte típico de Elysium, localizada na área mediana de um conjunto de colinas cujo relvado era varrido por lufadas silvestres espargindo constantemente para todo lado o maravilhoso perfume daquelas campinas de indescritível tonalidade verde-brilhante. E, durante breve instante, respirei a longos haustos, esquecida dos problemas que ainda e vivamente me martirizavam a sensibilidade, de maneira recorrente.

Avistava-se, mais acima, e rodeada de árvores frutíferas e plantações caprichosamente trabalhadas, nas quais se adivinhavam pomares e hortas fecundas, habitação convidativa, pintada com adoráveis nuances claras, na direção da qual Luciana logo me convidou a acompanhar-lhe os passos, olhando para o seu lar com satisfação.

Ofereceu-me o braço, amigável, e seguimos entretidas em comentários sobre o lugar, todos girando em torno das minhas irrefreáveis impressões sobre o que via.

A habitação era rodeada de uma varanda convidativa ao repouso, ao longo da qual se viam assentos reclináveis e alguns vasos brancos bem-postos, com arranjos de plantas e flores multicoloridas. Também, aqui e ali, algumas obras de arte clássica, esculturas de indiscutível bom gosto – reflexo visível das preferências do casal que venturosamente ali residia, a ela se recolhendo depois de suas inúmeras tarefas cotidianas.

Mas, entrando na sala de visitas, acessada por gracioso portal de formato encapelado, e dando, em primeiro lugar, com belo quão majestoso quadro com a imagem de Jesus, postado na ampla parede fronteiriça aos recém-chegados, questionamentos anteriores, que me haviam aflorado aos pensamentos na palestra de dias antes, retornaram-me à mente, induzindo-me a retomar o assunto com Luciana, tão logo ela findou a apresentação preliminar da morada.

Ela me convidou ao assento para repouso e providenciou, nas imediações da sala bem ornamentada com simplicidade e bom gosto, uma bebida tônica e refrigerante, de magnífico sabor cítrico, enquanto me ouvia.

– Luciana... como são consideradas, aqui, nestas dimensões diversas da vida, as questões relacionadas ao Nazareno, outro dia mencionado pelos recém-vindos que, quais como nós, palestravam com o seu instrutor no parque no qual privávamos? Interessa-me de maneira especial o assunto, com vistas a ponderar o que me habituei a aceitar durante o período de vida findo naquela outra realidade, há pouco deixada para trás! – e, com um gesto indicativo à bela obra de arte próxima, interessada em, por antecipação, denotar com clareza à amiga amável que me assistia o significado mais honesto de minhas dúvidas, por temor de ser mal interpretada, tendo em vista evidenciar-se que me encontrava em lar cristão, continuei: – Vejo que você e o seu marido honram o Jesus da tradição cristã! Não pense que quero polemizar a respeito... Apenas, talvez, elucidar-me algo a mais, já que tudo, agora, é tão absolutamente surpreendente, inesperado!... – e, ante a passividade confortadora com que ela me ouvia, paciente, encorajei-me a expor mais: – Afinal, devem acolher na cidade pessoas procedentes das mais variadas crenças e tendências religiosas! Como fazem para situar a todas de acordo com as suas vertentes particulares?

– Obviamente, todas as tendências são respeitadas, querida... – começou Luciana com delicadeza, sentando-se e tomando um pouco do saboroso suco feito das frutas colhidas do próprio pomar da residência. Para minha franca admiração de tempos depois, como se verificaria adiante.

– Mas... como conciliar tanta diversidade de entendimento da vida com o que deparamos aqui, nesta continuidade pura e simples, insuspeitada por muitos? Nós, por exemplo: eu, mamãe, Ariel, e no futuro Baruch, papai e Nadav... espero... – hesitei, detendo-me em breve desfalecimento emotivo: – Aportamos em Elysium na condição de afeitas ao que consta na tradição de nossos seculares ancestrais, no Torah! Como adequar este aprendizado com todo o volume de novidades prometidas em apenas poucos dias de estada nesta estância da vida no infinito? Perderam, pois, a validade, todos os nossos mais valiosos ensinamentos do culto ao Deus de nossos pais? E, no caso particular, seu e de seu marido, que, ao que vejo, são dedicados aos preceitos predicados pelo rabi da Galileia? Puderam conjugar as suas noções religiosas particulares às realidades com que por aqui deparamos?

– Já lhe ocorreu que todas estas tendências, em seu revestimento mais superficial, são, forçosamente, transitórias?... – comentou Luciana de improviso, ao que parei, entre incerta e confusa.

– O que quer dizer? – repliquei, sinceramente intrigada.

– E se eu lhe confidenciasse, aqui, por antecipação, algo que, com o passar do tempo convivendo conosco, e com a recuperação plena das suas reminiscências pretéritas, acabará por recordar por si mesma: a verdade de que em uma de nossas vivências na matéria comungamos intimamente a sublimidade da doutrina do Cristo?

– Comungamos?... duvidei, sem entender. – Refere-se a nós duas?

– Sim, querida. Vida houve no passado histórico da Itália milenar na qual fomos aparentadas, e que, entrando em contato com as revelações acalentadoras de Jesus, nos fizemos, ambas, e embora em segredo, cristãs, apesar de nascidas do patriciado pagão! Aconteceu nos primeiros séculos após a passagem do Mestre na Terra!

– Oh!... – estática, pausei espontaneamente o verbo, o olhar perdido divagando ao redor, pelo ambiente convidativo do cômodo dominado pelo silêncio repousante dos campos.

A memória não me auxiliava. Mas, caberia-me o direito de duvidar?! Afinal, a própria realidade que me circundava de imediato não era uma confirmação cabal de tudo quanto aquela tutora simpática e gentil vinha me ajudando a compreender diariamente, com paciência de irmã devotada?

Ademais, os meus sentimentos para com ela só faziam reforçar a consistência das coisas que, aos poucos, ia me revelando, vista a imensa empatia espiritual que experimentava na sua presença, como se estivesse diante de antiguíssima conhecida!

Valendo-se do intervalo no qual me percebeu imersa em reflexões mais aprofundadas, Luciana acrescentou elucidação mais esmiuçada:

– Esther, existem caminhos diversos para Deus. Mas Deus, na sua fé aprendida mais recentemente, quanto na do amado nazareno, é único! Pai da Criação fecunda, incomensurável, Ele nos encaminha a todos, paulatinamente, à Sua intimidade; mas, valendo-se da nossa plena liberdade de escolha, condizente com cada etapa da trajetória que atravessamos! – E, molhando levemente os lábios no suco delicioso que saboreava, um tanto pensativa, continuou: – Aqui, como em todas as cidades e colônias da banda invisível à materialidade, e circundantes do orbe, aportam, todos os dias, cristãos católicos ou espiritualistas, judeus, e mesmo budistas ou muçulmanos, por esta ou por aquela contingência de passado evolutivo, ou atendendo os imperativos de solidariedade que se requisitam destas estâncias atualmente, em época de guerras e de processo de desencarnação em massa, em plena efervescência! Penso que a liga-mestra, o

pano de fundo para o recebimento eficaz de cada temperamento que acolhemos carinhosamente em nossas Casas de
Assistência, será sempre o amor fraterno! Este, Esther, se vê
presente como ensinamento maior em todas as mais nobres
correntes religiosas do mundo, e a qualquer tempo!

– *"Amar a Deus sobre todas as coisas..."* – recitei em con-
cordância, como se estivesse inspirada.

– *"... e ao próximo como a si mesmo!"* – completou Luciana,
com um belo sorriso emoldurando-lhe o rosto alvo e jovial. –
O princípio sempre haverá de ser o mesmo, e, esteja certa, apli-
casse na prática diária constante, a humanidade, esta máxima
da sua última manifestação de fé, e também do cristianismo, de
mais nada precisaríamos para a nossa felicidade e ascensão
acelerada às mansões de Luz da Vida, em processo venturoso e
contínuo! Esse preceito contém em si, como nos ensinou Jesus,
toda a Verdade e os profetas! Porque nos disse Ele, há quase
dois milênios, que o próximo haverá de ser qualquer expressão
viva do Criador que nos circunda, a todo o tempo! A criança, o
animal, o velho, as plantas e as flores! O católico, o judeu e o
maometano! Toda e qualquer manifestação de vida, Esther! E,
então, respondendo à sua primeira pergunta, é assim que, em
Elysium, como em outras regiões superiores da continuidade
da vida, acolhemos de maneira bem-sucedida os afetos de
quaisquer segmentos religiosos do mundo!

Eu escutava Luciana, agora dominada por inevitável enlevo. Tudo se fizera mais claro ao meu entendimento.

Era bem aquilo mesmo!

– Oh, Luciana... você disse, há pouco, que outrora, a seu
lado, também fui cristã! Para minha mente ainda entorpecida

pelo peso das lembranças dos episódios mais recentes, isso ainda se faz truncado à minha compreensão. Mas, como gostaria de poder me recordar!

– Mas vai se recordar! Não há dúvidas! – ela explicou, tranquilizando-me. – E julgo mesmo que já se acha praticamente preparada para a primeira visita ao departamento do qual Nicolas é um dos trabalhadores mais dedicados! Lá, durante as reuniões técnicas de reavivamento da memória espiritual, obterá o prazer de muitas respostas; só que, então, reforçadas pelo respaldo das suas próprias lembranças! O que acontece, Esther, é que há que se dispor de certa tônica emocional que lhe dê suporte às revelações por vezes dramáticas que, a par das lembranças mais felizes, nos surpreendem no decorrer deste processo, com indicações nem sempre fáceis sobre o histórico de nosso passado mais obscuro! – e, novamente ela me sorriu, apesar da forma segura, confiante, alentadora que me falava. – Espere, pois no momento oportuno vou acompanhá-la até Nicolas! Espero apenas a autorização oficial de Fabrizio e de Mathias, os mentores diretos e responsáveis pelo seu caso e de seus familiares!

CAPÍTULO OITO
NO CENTRO DE PESQUISAS REGRESSIVAS

Logo à porta ampla, dando passagem ao ambiente espaçoso do edifício de aspecto acolhedor, fomos recebidos pela cordialidade amável de Nicolas.

Acompanhavam-me apenas Luciana e Fabrizio. Este último me deixaria entregue aos cuidados de Nicolas, assistida por sua esposa, retornando, de seu lado, às inúmeras tarefas que ainda o aguardavam em Recanto das Águas no decorrer daquele dia.

Não detinha a noção exata do tempo decorrido desde a nossa chegada àquele remanso abençoado da vida infinita. A cronologia, nestas dimensões que vibram em faixas diversas da vida, opera de modo diferente, e difícil de se explicar com termos satisfatórios aos que ainda se demoram na carne.

Sabia que um intervalo considerável já havia decorrido, operando milagres no nosso estado de espírito, grandemente traumatizado no começo de tudo.

Àquela altura, e acedendo ao acolhimento amável do casal que nos ciceroneava a maior parte do tempo, residíamos temporariamente no seu sítio maravilhoso, que fora apresentado algum tempo antes.

Reconfortadas com os extremos de carinho com que éramos distinguidas, todavia, não conseguíamos esconder de nossos anfitriões o acentuado desalento com que dávamos sinais de sentir a ausência de algum vínculo de parentesco familiar da última etapa corpórea vivida. Em confidências com a cuidadora querida, revelava me ressentir de que papai não estivesse conosco, ou ainda Baruch, e todos os demais familiares aos quais me afeiçoara na última curta etapa material.

Para não falar de Nadav. Este, era capítulo à parte, a flagelar-me a sensibilidade ainda frágil e dolorida.

A isso, contudo, Luciana prometia-nos surpresas para os próximos dias. Mas não oferecia pormenores. Haveria razões para tanto, e, intuitivamente, sabia que me cabia somente esperar e respeitar aquelas decisões sábias que certamente visavam a resguardar nosso quadro emocional ainda grandemente vulnerável, convalescente.

Era por tudo isso, aliás, que as sessões naquela nova casa que nos recebia haveriam de acontecer em processo lento e gradativo, bem administrado por Nicolas, que, recebendo-me com encantadora simplicidade, começou por me colocar à vontade com diálogo fácil e descontraído.

– Seja bem-vinda, irmã! – e para Fabrizio e Luciana, bem-dispostos ao meu lado, como operoso par de amigos espirituais, ele disse: – E pensar que dias atrás eram vocês retornando, também sob os meus cuidados, não é mesmo, amigos?

– Os benefícios de Elysium são para todos os que chegam! – confirmou Fabrizio, de bom humor.

Juntou-se a nós, na entrada, a senhora cuidadora dos primeiros tempos, a quem não avistava havia alguns dias, Clarissa.
Também ela trabalhava nos procedimentos de regressão
e redespertamento das reminiscências espirituais.

Aos primeiros cumprimentos, revelou a bondosa traba-
lhadora:

– Não precisa se preocupar ou ficar ansiosa com nada. O
procedimento é, antes de tudo, agradável, suave, de molde a
sustentar empatia com o seu perfil mais íntimo e subjetivo!
O processo regressivo é simbiótico, e obedece ao comando
de seu próprio psiquismo inconsciente: haverá de se lembrar, a cada etapa, somente do que for mais útil ao seu momento presente, e, principalmente, do que se compatibilize
com as suas possibilidades emocionais da hora que passa!

Dirigi-lhe palavras de reconhecimento e de satisfação por
revê-la. Trocamos algumas impressões a mais, e Fabrizio, enfim, despediu-se. E o trio assim formado por Luciana, Clarissa e Nicolas me conduziu até uma saleta, que era a réplica
de outras vislumbradas no trajeto por entre o ir e vir de fun-
cionários da casa e de pacientes, ali presentes para as mesmas finalidades pelas quais eu fora conduzida à instituição.

No caminho, ia admirando e observando, de entremeio à
palestra introdutória mantida com Nicolas e Clarissa. Tudo
limpo, bem-arrumado; sempre arranjos florais e plantas or-
namentais em ângulos bem decorados, sob janelas lumines-
centes, dando passagem aos perfumes típicos de Elysium e à
luz diamantina do dia ensolarado lá fora, algumas vezes

através de vitrais de cores suaves e trabalhados com sugestivas gravuras celestiais.

Lugar reconfortante, acolhedor, no qual experimentava enorme bem-estar.

As disposições, entrevistas, fisionomias que comigo cruzavam, do melhor diapasão espiritual. As conversas eram mantidas com discrição por entre o ir e vir dos incontáveis visitantes e trabalhadores, e, nas saletas, duas das quais pude entrever em preparativos de atendimento, observei serem aparelhadas com poucos assentos confortáveis, postados diante de telas espaçosas e peculiares, como nunca havia visto anteriormente na última etapa na vida material.

Pareciam suspensas estranhamente no ar, sem suporte ou qualquer aparato de sustentação. Ia olhando, entre maravilhada e curiosa, para as surpresas com que ia deparando.

A certa altura, Nicolas indicou-me com simpatia uma daquelas salinhas atraentes, convidando-me a entrar.

Obedeci, como sempre de braços com a assistente querida, que já ia se confirmando às minhas impressões como amiga preciosa, antes de cuidadora dos meus primeiros dias de chegada naquela cidade de beleza indescritível, com a alma repleta de sofrimentos, lágrimas amargas e queixumes pungentes.

– Sente-se, querida! – ela convidou, acomodando-se a meu lado, enquanto Clarissa sentava-se no outro lado, em estofado pequeno e confortável.

Nicolas manteve-se de pé momentaneamente, ao que entendi para ministrar palestra útil quanto necessária sobre o que se sucederia àqueles primeiros preparativos.

Principiou com prece oportuna à nossa reflexão.

– Bem, amigas, roguemos a Deus a benção para mais um procedimento de acolhimento de uma irmã muito querida! Agradeçamos também a oportunidade bendita, nesta esfera da vida em que nos permitimos algo mais de reconforto e de recursos condizentes ao nosso aperfeiçoamento íntimo! Nada acontece de forma gratuita, quando diz respeito a ambientes e destinos a nos serem reservados na continuidade para além da vida heterogênea na matéria, em diversas etapas! Fazemos nossas escolhas, mais ou menos sábias! Ensaio e erro! Aprendizado! Destinos compatíveis para cada grau de compreensão das coisas! Eis tudo! Eis o que Jesus nos segredou com o seu indefectível "*o plantio é livre, mas a colheita é obrigatória!*"

E, endereçando-me, particularmente, o olhar brilhoso de acalentadora luz, respeitoso das condições íntimas atuais das quais me fazia portadora e das minhas inclinações religiosas mais recentes:

– ... bem como o céu é o que criamos quando beneficiamos o nosso próximo, assim como o inferno são os nossos próprios malfeitos! O céu e o inferno começam em nós! – concluiu, dirigindo-me um sorriso significativo.

Acrescentando, explicou-me que, após o procedimento de interiorização inicial durante o qual dirigiria minhas iniciativas, instruindo-me, as imagens ditadas por ressonância de meu próprio íntimo se materializariam, via acesso akásico[4], na tela ampla à nossa frente.

---

4   Registro Akásico: diz-se de certa espécie de arquivo energético e universal existente, do qual, em condições especiais, alcança-se extrair informes e reminiscências de todo o repertório evolutivo da humanidade (N.M.).

Explicou que na operação não haveria obediência crono-lógica ascendente ou descendente do tempo, em seu enca-deamento na dimensão corpórea, uma vez que a atividade em perspectiva obedecia a outras prioridades e prerrogati-vas mais úteis ao que me interessava mais de perto; de modo que poderia visualizar primeiramente, tanto fatos longín-quos do calendário terrestre, quanto os mais recentes – do que, depois, empreenderíamos palestra elucidativa, para a devida compreensão das revelações do dia.

Indaguei, ainda, a razão pela qual Ariel e mamãe não po-deriam me acompanhar no cometimento; ao que Luciana, prestativa, elucidou não se achar ainda a mãezinha querida preparada, do ponto de vista emocional ainda grandemente combalido, para deparar maiores extensões de realidades próprias que conturbassem o processo lento de adaptação à presente fase, no qual estava mergulhada.

Havia de se respeitar o ritmo de cada um.

Quanto a Ariel, comparecendo em Elysium nos moldes reducionais do espírito em fase infantil, reclamava todo um procedimento diverso na sua retomada da plenitude espiritual em dimensões da vida como a da cidade em que aportáramos.

Nicolas apôs, enfim, ambas as mãos sobre os meus olhos. Luciana e Clarissa entraram em estado meditativo.

A sala caiu em silêncio tranquilizador, e luz azulínea, di-áfana, faiscou, repousante, envolvendo todo o ambiente.

CAPÍTULO NOVE
NO BRASIL

Pausa dilatada se interpôs, durante a qual, sem poder me desfazer da ansiedade, aguardei o começo dos desdobramentos daquela sessão inesquecível.

Aliás, tempo curto ou longo, impossível foi ao meu estado de alma peculiar, entorpecido, definir com exatidão durante a espera. Meditando melhor no acontecido, talvez que, antes, tenha se resumido a segundos ínfimos; apenas que, submetidos ao peso de minha expectativa, porventura assumiram feição demorada e maior do que de fato o fora.

Sei que, súbito, o banho de luminosidade azulínea, que nos rodeava por inteiro, faiscou mais intensamente, levando-me a abrir os olhos com a sensação de que despertava de sono hipnótico. E, em fazendo-o, reparei que a intensidade da claridade acentuada empanava e obscurecia tudo o mais ao meu redor – mesmo os meus acompanhantes.

Para meu espanto, imagens foram se delineando na tela suspensa diante de meu olhar fortemente magnetizado na direção daquelas cenas a princípio tênues, mas que ganhavam tamanha realidade, fazendo-me sentir como se fosse atirada para dentro dos próprios movimentos e cenários que ali iam se definindo, com rapidez surpreendente. Personagens apareceram em lugar, de início, indefinível. Figurinos peculiares. De modo algum familiares aos de meus costumes, na etapa terrena findada, o que de saída me emprestou a certeza de assistir a episódios relacionados a outras épocas e, também, a outros lugares.

Fato, o que ia surgindo com nitidez impressionante ante a minha visão extática e entusiasmo dificilmente contido, aparentava as paisagens típicas de alguma fazenda ampla, extensa, nos perímetros dos seus terrenos.

– Nanci! Oh, Nanci!... – uma voz feminina, de matrona em idade madura, ecoava nos arredores fronteiriços da morada.

E, aquela robusta senhora branca, altiva, de modos aristocráticos e aparência marcante, arrepanhou com impaciência os panos castanhos de seu vestido largo, depois de desistir de descer os primeiros degraus rumo aos terrenos dianteiros, para sair em busca de alguém.

Indecisa, retrucou, meneando a cabeça com ênfase e falando para si mesma:

"Jesus! Nestor haverá de fazer desabar a casa hoje, se lhe der conta de tantos aborrecimentos quando retornar!"

Depois, voltou para o interior do casarão, de aspecto imponente, embora espartano, deixando por ali algumas galinhas alvoroçadas correndo de um lado para o outro e sendo alimentadas por mulheres de tez morena, que aparentavam ser escravas ou serviçais.

A imagem faiscou por um momento, despertando-me de leve, para logo após me atrair irresistivelmente a atenção para a sua continuidade; só que em outro setor, que parecia ser ainda o mesmo lugar e morada, apenas visto de outro ângulo.

Surgiu uma jovem bem trajada em vestido longo, de tecido sedoso lilás-claro, orlado de rendados brancos em torno do pescoço e dos pulsos; cabelos castanhos alourados e presos para trás emolduravam o rosto alvo, gracioso e oval, pintado por algumas poucos sardas aqui e ali.

Pensativa, caminhava em passos um pouco relutantes, embora aparentemente se sentisse compelida a se dirigir exatamente para o ponto onde tinha os olhos vivos como contas azuladas, presos, sem que pudesse, contra isso, mobilizar qualquer esforço contrário.

Aparentava, a moça, não mais que dezesseis ou dezessete anos.

Parando diante de um poço, em cuja borda de pedras apoiou de leve sua mão delicada, ela observou com discrição.

Muito mais à frente, um aglomerado de trabalhadores da propriedade se ajuntava em esforço barulhento para conter um cavalo bravio que pinoteava, encolerizado, sem querer aceitar domesticação nem rédeas.

Alguém em volta comentava se tratar do novo potro adquirido a peso de ouro pelo dono da moradia senhorial. Mas a jovem, parada e hipnotizada pela cena, não tinha a atenção presa na confusão tumultuada em curso. Antes, retinha o seu olhar profundo, de forma irresistível, em um daqueles homens suados, sem camisa, e empenhado arduamente com os outros em conter o acesso furioso do animal, que os ameaçava perigosamente.

Tratava-se de Benjamim. Era, ele, um dos escravos da fazenda, e, dado o grau elevado de confiança que lhe dedicava seu patrão, bem como a seu pai, o idoso senhor Abílio, funcionavam ambos na propriedade como espécie de intendentes, cuidando de vários assuntos importantes da manutenção de alguns setores da casa, além dos que habitualmente competiam a servos e escravos.

Isso para não falar em seus acessos mais privilegiados à família.

Nanci o fixava, parada naquele ponto distanciado da agitação maior em torno do animal, com olhos em relação aos quais um observador mais arguto se surpreenderia, ao notá--lo faiscando estranhamente, como se desprendendo, de modo involuntário, ódio surdo na direção do moço afastado. Tanto que, de si para si, confidenciava, uma vez que a ninguém era de conhecimento o segredo abominável que resguardava apenas em seus pensamentos.

"Infame!...", ela quase pronunciou, em surdina e algo trêmula. "Tu e aquela pérfida Judite ainda sentirão o peso do desdém com que trataram os meus sentimentos! Em boa hora o seu pior segredo caiu, ao acaso, no domínio do meu conhecimento!"

Em presenciando aquela cena insólita, despertei brevemente do meu entorpecimento estático na sala silenciosa em que os acontecimentos inopinados se desenrolavam na tela, ante a minha observação profunda e concentrada.

E inesperado baque gelou-me o estômago!

De rompante, reconheci-me naquele belo rosto branco e juvenil, de traços aristocráticos, que deixavam entrever a minha origem em família europeia.

Nanci!

Prima de Judite, vinda de terras ibéricas com a família em estada breve, durante a qual seus pais intentavam somar esforços econômicos aos dos primeiros portugueses fidalgos sediados no Brasil, nos primeiros séculos!

Algo zonza, cheguei a levar uma das mãos ao rosto úmido. E senti o toque gentil de Luciana em meu braço, como se desejosa de checar o meu bem-estar. Mas, a pulso me contendo, devolvi-lhe o gesto, agradecida, voltando a me concentrar na sucessão de imagens à minha frente.

Agora, o desejo supremo de compreender sobrepujava tudo o mais, no tumulto súbito de minhas sensações mais íntimas.

Ali estava, então, a prova cabal, definitiva, do que durante todo o tempo, desde o nosso último retorno da matéria Luciana, Clarissa e outros vinham delicadamente nos sugerindo, todavia, cuidadosos de não nos afrontar o provisório estado embotado de entendimento.

Concentrei-me novamente na jovem Nanci.

Ouvindo repentinamente os chamados impacientes da tia e os ruídos de sua aproximação, ela se voltou com rapidez, e, arrepanhando as vestes, afastou-se para a entrada lateral da casa, quase a correr.

Mal teve tempo de atingir a porta larga, avistou a tia, Lucrécia, ladeada de sua mãe e de uma das escravas jovens da casa. As três esbaforidas. E, via-se, sua mãe, Genoveva, extremamente irritada.

– Quantas vezes já a adverti, Nanci? Não a quero bandeada para os lados dos estábulos e cavalariças! Nada lhe interessa ali, visto ser domínio de serviço dos homens da propriedade! – ralhou Genoveva, tomando-a por um braço. – Achamo-nos hospedadas graciosamente pela boa vontade de Nestor e Lucrécia! Por que não se entretém com suas primas, em vez de passar o dia pregando-nos sobressaltos com seus desaparecimentos descabidos?!

Mas a temperamental Nanci soltou logo o braço, num solavanco.

– Porque Mirtes me entedia com seus assuntos infantis, e Judite está cheia de segredos, que em absoluto não me interessam! – exclamou, magoada.

Depois, talvez se dando conta do volume inadmissível do seu atrevimento, que, sem sombra de dúvidas, alcançaria com facilidade o conhecimento do pai tão logo ele retornasse dos negócios do dia com o seu tio na sede da capitania, voltou seu olhar desconcertado para a tia, acrescentando um pedido de desculpas:

– Perdoe-me, titia! Mas mamãe insiste em me tratar como criança algumas vezes, e isso me aborrece horrivelmente! Perdoe-me se lhe causei inquietação! Posso recolher-me ao meu quarto?

– Que história é essa de silêncios e segredos de Judite? Pode-se saber?! – Lucrécia ainda a reteve com a pergunta embaraçosa.

A moça, pega desprevenida, hesitou, inerte. Por breve instante não soube o que responder.

– Nada de mais, tia! Palavras impensadas, talvez, inspiradas por irritação! Com sua licença... – ela saudou respeitosamente as mulheres mais velhas, num meneio gracioso. Mas, tão logo se afastou, deixando ambas ali, em companhia da escrava atarantada, sem nada compreender, considerou para si mesma:

"Mas deixe estar que, na hora certa, haverei de abrir a boca! Ou a sonsa da Judite pensa que o tolo do meu irmão vai, no fim das contas, tomar a culpa de tudo, apenas pelo sentimento estúpido que lhe devota?!"

CAPÍTULO DEZ
O SEGREDO DE JUDITE

Ante a minha assistência sumamente emocionada, as cenas dramáticas continuavam a desfilar sob o meu aguçado estado de atenção.

Eis, portanto, o cerne do dilema que empolgava o meu coração – o da Nanci daqueles tempos – nos séculos findos, em vida no Brasil, do qual, no princípio de tudo, em retornando a Elysium, não guardava sequer leve impressão de ter estagiado em aprendizado corpóreo, nos seus domínios continentais.

Nas imagens nítidas, Nanci rememorava: semanas antes do acontecido naquela cena inesquecível – cerca de um mês havia se passado –, a jovem presenciara, sem o pretender de fato, discussão travada de maneira inoportuna nas proximidades do córrego que ladeava as plantações mais próximas da parte posterior da grande propriedade situada no sul do estado de Minas Gerais.

Fechada em seu quarto, e lançando-se ao leito, palpitante, ela revia tudo mentalmente.

Durante aquela manhã, Nanci lembrava-se de que decidira tomar um ar e luzes balsâmicas do sol das primeiras horas do dia que se iniciava. Era domingo.

Remoía a obrigação religiosa com a igreja para dali a algumas horas, com certo aborrecimento, quando deparou a proximidade do que aparentava ser uma discussão acalorada e dificilmente contida.

A passos de gato – e tendo, de pronto, a certeza de que se tratava da voz da prima, com quem, a bem da verdade, nunca se entendera muito bem, e mais ainda depois de comungarem os mesmos interesses amorosos, como será visto – ela aproximou-se, rastejando os pés, até um aglomerado de árvores rodeadas de arbustos, de onde veria e escutaria o suficiente.

– E qual a alternativa possível?! Benjamim, pelo amor de Deus! Você terá de se isentar de responsabilidade! Quer morrer, Benjamim?! Será torturado e esfolado vivo pelos feitores!

– Sim, mas não dessa forma! Não compreende que isso vai pôr a perder a sua felicidade pelo resto de sua vida?! Não! Não envolva Aluísio nisso!

– Minha felicidade já está perdida, de uma forma ou de outra, Benjamim!

– Calma! Haveremos de pensar, juntos, em uma solução!

– E, lançando um olhar arguto em volta, procurando disfarçar, até onde podia, que também ele se via dominado quase que por pavor pela situação que de chofre se lhes apresentava, tomou a chorosa Judite pela mão e a atraiu para mais perto do córrego, assentando-se com ela, na tentativa de acalmá-la. – Escute! – e apertava-lhe as mãos: – mãe Antonina conhece muitas receitas! Algumas boas, para livrá-la desse tipo de contratempo! – Ele meneou a cabeça, aflito, e continuou: – Por que não...

– Não!! Não vou tirar a vida do nosso filho, Benjamim! O que me pede?! Não é cristão!

E, assim dizendo, Judite desabou em choro convulso, quedando o belo rosto nas mãos postas, em momentâneo desnorteamento.

– Como me pede uma coisa dessas?! – soluçava.

– Entendo-a, Judite! Desculpe-me! – ele meneou a cabeça, perdido e aflito. – Falei impensadamente! Mas, então, culpar Aluísio é a única solução que nos resta?!

– Encurralamo-nos entre o assassínio de uma criança, a perfídia para com um familiar cujo único inconveniente é o sentimento obsessivo que me vota, ou a sua morte certa – ela lançou-lhe a declaração lancinante no rosto, olhando-o, desesperada: – Cristo! Melhor que me matasse! Oh, Jesus!

Nanci sôfrega, voltava abruptamente de seu esconderijo nas árvores, por entre o soprar dos ventos e o silêncio entremeado pelo canto delicado dos pássaros.

Quase desfalecendo, ofegante, a jovem atirada ao transtorno da suprema revolta ciciou, atarantada, banhada quase em suor frio. Tanto mais porque também se apaixonara por Benjamim, o belo intendente de seu tio, jovem de traços indígenas, moreno e esguio, denotando no aspecto a robustez viril da raça mestiça da qual descendia, mas que, todavia, jamais sequer lhe resvalara os olhos, senão de dentro do supremo respeito do escravo perante a filha de um dos seus senhores:

"Aluísio!! Meu Deus! O que querem fazer contra você, meu irmão?"

Sofria. E lágrimas desciam pelo seu rosto.

"Não! *Nunca!* Não vou permitir que esses dois tratantes atentem contra a sua honra, assim, de maneira tão infame! Deixe, megera...", e assim destilava toda a cólera que a empolgava contra a imagem mental da prima, assentada ainda em palestra crítica com o jovem que a ladeava, enlaçando-a e tentando reconfortá-la. "Você verá bem que espécie de armadilha vou fazer você cair para pagar toda essa execração! Deus não me trouxe até aqui sem um propósito!"

***

Entrementes, o desenrolar das cenas impressionantes diante de minha visão extasiada faiscou subitamente, amainou e desapareceu, como se obediente a algum dispositivo cronológico espontâneo.

Pisquei, zonza, e reparei, contudo, que quase desfalecia; o que obrigou Luciana e Clarissa, a meu lado, a me cercarem de cuidados imediatos.

Nicolas também se aproximou, embora, na tranquilidade usual, e aparentemente acostumado a reações daquele teor durante as sessões idênticas que presidia naquela instituição de pesquisas.

Acionou um mecanismo simples de graduação da luminosidade ambiente. E se colocou à espera do arremate dos primeiros cuidados das acompanhantes, e de minhas primeiras impressões.

Minha primeira tendência, porém, foi rejeitar o que já sabia de antemão constituir um capítulo recente de minha longa trajetória nos caminhos do infinito.

– Não!! – e, agora, ofegava, finalmente desperta, e, sem que pudesse evitar, presa quase que de um estado de transtorno, dificílimo de se conter. – Não, Luciana! Não pode se tratar de mim!

E lágrimas subiram aos meus olhos, ante a placidez carinhosa com que os recentes amigos que me recolhiam as palavras também me escutavam, pacientes.

– Meu Deus! – assombrava-me, ainda presa ao choque repentino provocado pela revelação. – E, no entanto, não há como negar! Por favor... – suplicava – preciso entender! Por que essas imagens me foram apresentadas agora? Qual o sentido?

E, olhando de um para outro, buscava as respostas.

Mas as explicações que viriam não seriam de pronto as que elucidariam aquelas dúvidas. Essas, seriam reservadas para a continuidade daquele trabalho terapêutico, e as respostas preliminares seriam não além das que Nicolas julgasse úteis ao entendimento do momento presente, e do modo como se procederia à continuidade daquelas singulares sessões.

– Sim, Esther! – confirmou, prestativo. – Trata-se mesmo da sua individualidade, tão do seu conhecimento. Mas em outras etapas da sua trajetória milenar! Você apenas acompanhará sua história à moda de conto verídico, dividido em capítulos dispostos de maneira didática e apropriada, que exibem um contexto no qual você e alguns dos seus afeiçoados espirituais participaram, acompanhando de perto, em determinado período histórico da vida humana na materialidade, em que compartilharam situações de parentesco e de proximidade! – explicou o mentor da casa, sentando-se próximo a nós, com toda a calma que caracterizava o seu temperamento.

Enquanto isso, Luciana e Clarissa entrelaçavam-me as mãos úmidas, com afetuosidade

– Não tenha dúvidas de que o entendimento do que presencia obedece a um fio de continuidade de causas e consequências, que, no tempo certo ao seu proveito, ser-lhe-á dado aprender! Não antes! – ele completou.

Ao que Clarissa elucidou:

– Este é um trabalho desenvolvido com todo recém-chegado que depara diante de si, aqui, conosco, outra referência de espaço e tempo, presenteando-nos com nada menos do que a eternidade, para que meditemos sobre os nossos avanços e necessidades de realização e de aprendizado, Esther! Mas não deve alimentar, em nenhum momento, a ansiedade negativa, que em nada auxilia na compreensão! Devemos viver com pleno aproveitamento cada momento, cada fato que nos alcança. E, todos juntos, usufruiremos os benefícios dos instantes que se sucedem; *um por vez...* – acentuou, carinhosa.

E, talvez, por notar no meu semblante algo aturdido, a expressão nítida dos meus anseios mais íntimos, Luciana após o arremate da explicação, acompanhado do belo sorriso de sempre emoldurando o seu rosto jovial.

– Afinal, querida amiga, quanto dura a eternidade, para que se justifique qualquer pressa, aqui, em que tudo, enfim, é revelado? – E, com um beijo carinhoso em minha fronte, disse, para encerramento tocante daquela inesquecível sessão: – Medite nisso, de agora em diante! Sempre que puder!

CAPÍTULO ONZE
PERGUNTAS E RESPOSTAS

Os primeiros tempos foram se passando de forma quase deliciosa, com a acolhida recebida de nossos primeiros anfitriões, em relação aos quais, mais que cuidadores e trabalhadores de Recanto das Águas, eu intuía os aparentados e almas muitíssimo amigas.

Hospedadas em sua morada das colinas, aos poucos o cotidiano daquela reduzida família terminou por nos desviar, com suavidade, a atenção das nossas recordações mais desanimadoras para a sedução irresistível dos fatos que a nova realidade nos oferecia.

Efetivamente, Luciana e seu marido residiam naquele lar acolhedor sem mais companhias, uma vez que, duas pessoas que mencionavam ser seus filhos, tanto no território da afetividade quanto no contexto de suas vidas físicas anteriores, achavam-se momentaneamente afastados, envolvidos com a miríade de atividades impensáveis disponíveis em Elysium para toda alma operosa e bem-disposta a trabalhar e servir.

Assim, aos poucos, íamos participando da cota restrita que se nos oferecia para interagir, e observávamos muito.

Indiscutível que os nossos tutores gentilmente nos submetiam a sensibilidade fragilizada à necessária transposição de etapas, visando à plenitude de nossa readaptação aos contextos da vida maior. As noites de sono, para nossa profunda admiração, não diferiam, em essência, dos períodos de descanso noturno na matéria, e o único fator diferenciador de peso residia na qualidade infinitamente superior de refazimento de corpo e espírito, refletindo-se beneficamente no todo de nossa disposição, tão logo despertávamos no dia posterior.

De fato, os ciclos diurno-noturnos permaneciam semelhantes aos da vida corpórea, apesar de não haver paralelo a contento para qualquer analogismo de linguagem que sirva para definir com precisão o que é a passagem do tempo nessas esferas maravilhosas. E o sono, este se assemelha, nessas dimensões da vida, bem comparando segundo os termos dos períodos físicos, àqueles estágios noturnos nos quais adormecíamos suavemente, sem o perceber de fato. A alma distanciava-se para paisagens diáfanas, perfumadas, rarefeitas, a exemplo de pássaro alçando voo leve, graciosamente, para as extensões límpidas dos céus azuis infinitos.

Toda manhã, pois, com o raiar do sol balsâmico, cujo calor sedativo nos acalentava a alma naqueles lugares aromáticos e tranquilizantes, dividíamos generoso desjejum, reunidos à mesa arrumada segundo os moldes graciosos do gosto da dona da casa. Sentávamo-nos, dividindo alimento leve, nutritivo, semelhante a massas leves e sucos de frutas de sabor até então desconhecido dos nossos hábitos gastronômicos mais recentes, no mundo material.

Encontrando a mesa já posta, éramos infalivelmente acolhidas pela saudação simpática de Luciana, seguida do retorno pontual de Fabrizio dos campos próximos trazendo frutos frescos para o lanche saboroso.

De começo, as particularidades de tal ordem de circunstâncias suscitavam sempre curiosidade inevitável de nossa parte, propiciando conversas oportunas ao nosso esclarecimento de recém-vindas.

– Frutas, alimentos... roupas... – certa manhã, mamãe suspirou, sem esconder que se via ainda grandemente confusa em seus pensamentos sobre tudo o que nos acontecia.

– Difícil conciliar entendimento satisfatório sobre o que presenciamos, filha...

O tom não era de queixa. Antes, de sincera perplexidade, mas, como sempre, nossos anfitriões não negavam ânimo nos esforços de nos situar devidamente no mero senso de continuidade, embora sob princípios que, naturalmente, se sobrepunham à influência das leis vigentes noutras dimensões da vida.

– A agregação de moléculas na manifestação material não obedece, aqui, a imperativo muito diverso do que prevalecia no mundo das formas mais grosseiras, senhora Angelika! Apenas, a princípios frequenciais e de ordem fluídica diferentes, numa esfera mais sutil de materialidade!...

E, ante a nossa expressão de franco aturdimento, Fabrizio concluiu sua linha de raciocínio, paciente, enquanto nos oferecia um cesto repleto de frutos de um vermelho-vivo e de aspecto suculento e atrativo.

– Sim, falo de materialidade, sem nenhum equívoco – confirmou –, mas é preciso que compreendam que a matéria se manifesta no universo em níveis infinitos e compatíveis com cada nuance de padrão frequencial vibratório!...

– A mesma lei regente dos processos de condensação das moléculas de água na materialidade terrena, demonstrada a toda criança nos primeiros ciclos escolares, também prevalece nas expressões de vida insuspeitadas pelo homem comum em jornada no corpo físico, queridas... – acrescentou Luciana, prazerosa no diálogo mantido em clima de cordialidade.

Silenciamos momentaneamente, ponderando na variedade de significados contidos nas explicações de nossos amistosos senhorios.

Ariel interpôs, depois dessa pausa, logicamente compelida pelos interesses do seu universo mental ainda condicionado pelas vivências mais recentes da infância, interrompida tão drasticamente: – seus lindos olhos verdes expressavam entusiasmo por tudo o que a rodeava, no encanto natural das emoções confiantes dos pequeninos.

– Luciana, há outras crianças aqui? Gostaria de conhecê-las!

– Oh! Você haverá brevemente de conhecer muitas! Farão amizade e trocarão muitas impressões agradáveis sobre este novo lugar em que vivem!

Foi a minha vez de dirigir à tutora minhas indagações, bem fundamentadas, em vista da mudança natural do assunto.

– Como se explica, Luciana, a infância aqui? Na situação de Ariel, por exemplo, haverá de crescer e atingir a fase adulta, do modo que nos acontece quando ainda naquela outra faixa mais densa de vida, como vocês a chamam?

Luciana e Fabrizio trocaram um olhar nítido de entendimento, e se revestiram de novo fôlego para explicar, com a melhor clareza, para a nossa capacidade de compreensão para o momento.

– Bem, querida... nos casos múltiplos da infância que nos chegam, para cada qual há um contexto, exigindo medidas diversificadas. Nada se opera neste âmbito da vida maior de maneira brusca ou agressiva ao perfil íntimo dos nossos recém-vindos. Há que se observar, com prioridade, contexto de retorno e condições mentais e emocionais; mas, sobretudo, indicativos de amadurecimento evolutivo a denunciar, ou requisitos apropriados a uma retomada de consciência espiritual plena, integral, com todo o seu cabedal pregresso, ou, por outra, a um processo gradativo, no qual o espírito em retorno, por esta ou aquela necessidade bem justificada, deve atravessar, aqui, estágios de desenvolvimento paulatinos e semelhantes aos que se operam no crescimento de uma criança na vida corpórea!

– Trata-se, sempre, de contextos evolutivos individuais, requisitando medidas diferenciadas de nossa parte, Esther; e, para tanto, dispomos dos departamentos adequados, e de amigos bem preparados para lidar com cada caso sob a nossa responsabilidade de acolhimento! – Fabrizio arrematou a elucidação.

Eu, Ariel e mamãe entreolhamo-nos, numa troca íntima de agradáveis impressões diante do que ouvíamos.

– E, como deseja saber Ariel, contará ela, então, com a companhia apropriada à sua idade e seus presentes anseios? – inquiri.

– Sim – confirmou Luciana, provando um pouco do suco no belo copo que Fabrizio lhe oferecera. – Aliás, Ariel haverá de ser capítulo a parte, tratado com todo carinho em breve, uma vez que necessitaremos apresentá-la ao departamento de Recanto das Águas, responsável pelos cuidados dos pequenos recém-vindos! Depois, em nossa vizinhança mesmo, contamos com amizades muito queridas, em cujos lares acham-se crianças em situação semelhante à dela! – E, novamente dirigindo o olhar caricioso à menina de olhar vívido que ouvia aquelas explicações com grande interesse, continuou: – Amanhã, Ariel, vou apresentá-la à Raquel! Com sorte, encontraremos esses amigos aos quais aludi, em horário próprio, aqui perto, nos jardins do parque campestre, pois eles costumam frequentá-lo todas as manhãs! Não empreendo a iniciativa hoje porque outras atividades, que dizem respeito à sua irmã e à senhora Angelika, aguardam-nos!

Mamãe tornou a atrair a atenção de nossa interlocutora, sem poder conter a ânsia de saber.

– Luciana! Arrisco-me a me sentir mais animada por tudo, neste lugar e na sua companhia, que tanta atenção nos dispensa; todavia, ouso insistir num pormenor – e, voltando novamente o olhar para mim, como em busca de aprovação para a exposição da dúvida que aparentemente a incomodava para além do que podia suportar com resignação e paciência, apenas, na sucessão natural dos dias, ela falou: – Baruch, meu outro filho, bem como meu marido! Até agora, não nos chegam notícias de ambos. É difícil dissimular o sofrimento que me desassossega o íntimo a respeito do seu destino!

Foi Fabrizio quem, após breve demora em que nos aguardamos em expectativa, reflexivo, atendeu mamãe com uma resposta, ainda e sempre atenciosa:

– Senhora Angelika, como pudemos informar alguns dias após sua chegada, até há pouco seu esposo e seu filho ainda se achavam no palco material terreno de aprendizado! Todavia, seu marido, o senhor Borinski, deixou-o recentemente; mas encontra-se sob os cuidados de nossos operadores das regiões circundantes da materialidade terrena, pois ainda não conseguiu se desvincular a contento dos enredos marcantes que todos vocês vivenciaram recentemente! A bagagem dramática da situação, muito naturalmente, ainda imprime no matiz espiritual de seu marido um perfil não propício a que ascenda a um contato direto com nossos trabalhadores. Quer, por força, manter-se junto a seu filho, e, embora agindo no sentido de influenciá-lo a adotar novo destino que lhe favoreça um reencontro com a senhora e com suas filhas, não podemos interferir no seu livre-arbítrio de maneira agressiva!

Ele calou-se, entrelaçando na sua a mão delicada da esposa, ambos observando, cuidadosos, as nossas reações.

De nossa parte, eu e mamãe trocamos olhares, entre perplexas e chocadas. Não contávamos com aquelas novidades, pois nos escapava, de momento, a noção de que muitas semanas já haviam decorrido de nossa chegada e de que, nesse ínterim, alguns fatos a mais haviam eclodido a partir da tumultuada realidade material que deixáramos para trás.

Mamãe juntou as mãos, como se estivesse em prece, sem saber o que pensar ou dizer. Eu, de meu lado, arrisquei a pergunta, comovida:

– Mas... senhor Fabrizio! Nada podemos fazer em favor de papai?! Deus! Como ele deve estar, sem nada compreender de sua nova situação, tal qual nos aconteceu de início!

– No momento aprazado, não há dúvidas de que mobilizaremos o que estiver ao nosso alcance para acolhê-lo com a mesma estima que lhes dispensamos, Esther! – garantiu-me Luciana, na tentativa de me proporcionar algum reconforto.

– E, de qualquer forma, nós mesmos, bem como muitas almas amigas, não os perdemos de vista, acompanhando todos os episódios do panorama que defrontam atualmente! No futuro, terão a chance de se reaproximarem. Por vezes, é necessário algum tempo até que os seres em situação de retorno compreendam devidamente a sua nova condição!

– Até lá... – completou Fabrizio, com serenidade de modo a apaziguar-nos o espírito: – Confundem-se entre se julgar aptos a influenciar a situação deixada definitivamente e as descobertas que finalmente os compelirão a inteirar-se de que se faz imprescindível a renovação de seu destino, para melhor compreensão de contingências que, para o seu pai, no momento, devem ser ininteligíveis, fora de sentido!...

– Oh... – repliquei, com alguma desolação na entonação da voz. E, voltando o olhar, primeiro para mamãe, que tinha os olhos rasos de lágrimas, depois para minha irmãzinha, que pouco entendia daquelas revelações peculiaríssimas em suas implicações, limitei-me a quedar-me, pensativa, respeitosa do meu momentâneo pouco alcance do que me era dado saber naquele instante. Mas, sobretudo, estava esperançosa da promessa sugerida pela nossa tutora, acerca de uma reaproximação certa em hora aprazada.

É que pressentia que aquilo era apenas o começo de tudo. E que as mudanças seriam muitas, e sucessivas, cobrando-nos, preferencialmente, humildade e contrição ante as orientações dos tutores abnegados.

CAPÍTULO DOZE
ROUPAS, MÚSICA, AFAZERES

No decorrer de uma tarde, com Ariel correndo alegremente pelas cercanias, na campina florida, ocorreu-me externar uma necessidade que, a cada dia mais, experimentava, em vendo Luciana e Fabrizio entretidos com variados afazeres, sem que, até o momento, nada tivéssemos feito para colaborar ou participar em nossa nova estada.

Ainda daquela vez, embaraçava-me o modo como Luciana instruía-me a apenas aguardar pelas vestes que, para nosso encanto, nos eram oferecidas como do nada – em consonância perfeita com gostos e hábitos de cada uma de nós!

– Quando afinal estiverem aptas, saberão moldar roupas e objetos a seu gosto, não apenas para vestir ou calçar, como também para o seu lazer, ou para a arrumação de sua futura residência! – Luciana sorria-me, como de hábito bondosa, irradiando felicidade. – Também dessa forma, se lhes aprouver lidar com as artes do artesanato, muito poderão realizar pelo enriquecimento criativo de Elysium! Creia-me, há afazeres e aplicações úteis de todo tipo para quem possui esse pendor!

Depois, uma vez trajada, e após me pentear diante do espelho de gracioso toucador, bem-arranjado no cômodo que eu e Ariel ocupávamos, Luciana tomou-me pela mão e conduziu-me até a sala de estar arejada e banhada pelas luzes cariciosas e perfumadas da tarde.

Fabrizio ausentara-se do lar, deixando-nos aos cuidados da esposa. E, agora, Luciana aproximava-se de espécie de curioso quanto minúsculo emissor radiofônico, em que, com leve toque, acionou música belíssima e, para minha surpresa, não exatamente desconhecida: o *Adagio*, de *Corelli*.

Admirei-me de que, também ali, os clássicos populares conhecidos na materialidade compusessem o rol musical dos lares dos que já haviam deixado a vida física. Mas, a isso, Luciana logo sorriu.

– Afinal – ela comentou, com meneio amistoso –, vivemos sem solução de continuidade, um tanto aqui, outro tanto lá! Os grandes mestres da música não legaram essas maravilhas ao plano material terreno, apenas! É legado artístico e efetivo da humanidade; assim, guardamos conosco esse patrimônio inesquecível, cujas obras, muitas vezes, variados deles levaram alinhavadas, daqui, para os palcos terrenos, a fim de enriquecer o cabedal cultural e artístico dos povos com música e arte superiores!

A explicação não poderia ser mais oportuna, consoladora.

Então, quanto a muitos quesitos, não deixávamos para sempre, nos cenários passados de nossas vivências na carne, pormenores importantes e afeitos ao nosso universo íntimo, aos nossos hábitos e preferências. Ao contrário, reencontraríamos, em lugares abençoados como Elysium, a música excelsa de nosso gosto; a obra literária e as vestes em acordo com o nosso perfil e índole.

A continuidade criativa, mais depurada e enriquecida nestas paragens da vida invisível! Prossegue, assim, o ser humano, com o maior dom de que é dotado para realizar seu progresso evolutivo, a qualquer tempo, e em qualquer lugar para onde suas escolhas e tendências o encaminhem: o dom da criação! *Vida* – sempre pródiga em sua infinidade de nuances, em qualquer quadrante do universo!

Suspirei, acomodando-me com Luciana por breve instante nos assentos confortáveis da varanda contígua à sala, enquanto silenciávamos, deleitando-nos com a melodia cristalina e observávamos os folguedos de Ariel, brincando por ali com um ramalhete de florzinhas coloridas nas mãos delicadas.

– É uma bela criança! – comentou Luciana, com prazer.

– Ariel tem os olhos de mamãe, mas o temperamento semelhante ao de papai! – comentei, saudosa, na recordação algo tristonha do genitor distanciado em situação difícil, nas esferas mais densas do orbe planetário. – Como me é árduo entender tantas coisas para as quais ainda não encontro explicação condizente, Luciana! – suspirei, apoiando o rosto em uma das mãos e o cotovelo no braço do assento que ocupava.

– Não se incomode com isso, pois toda compreensão nos chega no tempo devido! – devolveu Luciana, em entonação confiante, segura.

Busquei desviar as dúvidas inquietantes do teor da segunda sessão regressiva em perspectiva ainda no decorrer daquela tarde, para o que tinha diante de mim naquele momento. E prossegui na palestra de conteúdo mais agradável e desanuviado.

– O que seus filhos fazem em Elysium, Luciana? São também crianças, como Ariel? Chegaram há pouco à cidade ou os acompanham já na condição de adultos?

– A bem da verdade... – ponderou Luciana, o olhar algo devaneador nas luzes douradas que a hipnotizavam a partir dos prados verdejantes, na longa extensão para além do aroma silvestre das colinas – consideramos Bruno e Lucas filhos queridos, antes por afinidade pregressa nesta condição, como poderá observar nos casos de muitas famílias sediadas em Elysium, Esther! Não há, aqui, a exemplo da materialidade terrena, as condições procriativas, como lá as conhecemos! A cidade é pouso de estada temporária, por mais que se nos pareça momentaneamente perene nos contextos que palmilhamos nos caminhos da eternidade! Outros mundos há, contudo, no seio bondoso da Criação, em que a paternidade se opera a exemplo do que acontece nos estágios corpóreos da Terra!

– Ah! – admirei-me. – Então, os rapazes não são seus filhos, de fato?

– Em vivências materiais onde eu e Fabrizio reencarnamos, já o foram. Ora na Itália, ora noutros setores das nações do mundo! Mas, pelas vias naturais das afinidades do coração, e dentre tantos outros filhos e pais com os quais compartilhamos nossas experiências, estiveram eles dentre os que mais se compatibilizaram com os nossos anseios de ordem familiar! – e Luciana suspirou, agora, aparentando estar saudosa de algo ou de alguém. – Também há Lívia; esta também me é filhinha do coração! Mas anda distanciada, em começo de nova estada na matéria, no seio de família acolhedora cujas almas são do nosso mais íntimo conhecimento!

– E os rapazes? – interessei-me, com viva atenção.

– Bruno também trabalha com Fabrizio em Recanto das Águas e ausentou-se em missão árdua de assistência conjunta aos que vêm desencarnando na Terra de maneira dramática, e com destinos outros, muitas vezes, presos às faixas astrais mais densas! Quanto a Lucas, ele tem sua própria família espiritual formada aqui em Elysium, uma esposa adorável com quem se harmoniza, que o acompanhou em suas últimas jornadas físicas alternadas entre a França e o Brasil! Estagia por diversas vezes aqui, conosco, mas, com tempo considerável de trabalho útil em Elysium, já pôde adquirir sua própria residência, citadina, próxima a Recanto das Águas, onde vive com Cíntia! Haveremos de visitá-lo... – declarou Luciana, com carinho ostensivo no tom de voz, ao referir-se ao rapaz. – Isso se não comparecerem eles, antes, em visita à nossa casa, como costumam fazer frequentemente!

Meneei a cabeça, apenas, sorrindo diante dos comentários proferidos em tom de voz amigável, reconfortante.

– É de admirar essas nuances, Luciana, pois você, com essa aparência tão jovem, menciona filhos já adultos; deve antes parecer que seu parentesco com eles é de irmã!

A isso, a moça riu a bom rir. Aparentemente, já escutara de outros comentários semelhantes aos meus.

Mudou de posição, confirmando.

– Bem, é isso mesmo, Esther! Mas isso diz respeito a peculiaridades felizes do nosso plano de vida, que você logo conseguirá entender a contento!

Ariel chamou-nos de onde estava, assentada no meio de um relvado farto e de um verde brilhante. Feliz, não denotava nenhum resquício de qualquer tristeza ou lembrança dos sofrimentos aspérrimos experimentados por nós tão recentemente. Depois, levantou-se e correu ao nosso encontro, para oferecer os ramalhetes de flores perfumadas que colheu nos campos ao redor da morada.

Entregou o primeiro a Luciana, que aceitou, beijando-a com reconhecimento e postando uma das flores entre os cabelos fartos de minha irmãzinha. O outro, entregou para mim, voltando às pressas para a extensão vasta dos campos ondulados pelo soprar leve dos ventos.

– Gostaria de poder ser útil fazendo algo para ajudá-los, Luciana! Penso que já estagiamos o suficiente neste lugar tão prazeroso sem nada oferecer de nosso, como justa colaboração! – E, atenta aos matizes únicos das flores graciosas que tinha nas mãos, comentei: – Qual o método que utilizam para cultivar flores e jardins tão absolutamente belos? – e, em me recordando: – No meu lar de outrora, apreciava cuidar dos jardins de nossa casa! Adoraria ajudá-los neste grato afazer!

– Deste particular, Fabrizio poderá lhe explicar a contento! É ele o detentor de maestria com jardins e plantações, já que em tempos idos criou afeição pelo cultivo da terra em suas vidas anteriores como fazendeiro e lavrador!

– Adoraria! – confirmei o meu intento, com ânimo renovado. – E o que mais poderia fazer para participar da nova vida que, ao que devagar vamos compreendendo, é fator definitivo e preponderante nos tempos que nos aguardam?

– Os detalhes desta contingência se darão a revelar com naturalidade a vocês, Esther! Há que se considerar que se encontram, ainda, em estágio de adaptação e tratamento, findo o qual, vão se ver aptas a compreender inteiramente a situação atual, e, em consequência, identificar, por si mesmas, o que mais se lhes apresenta como indicado à sua dedicação! – E, com belo sorriso, continuou: – Acompanhe-me! Chamemos Ariel! É hora de sua segunda sessão com Nicolas, bem como do atendimento preliminar de dona Angelika nesse mesmo sentido! Chamemos sua mãezinha no seu repouso para que não nos atrasemos no importante compromisso!

Ao que assenti, sem relutar.

CAPÍTULO TREZE
O GATILHO DO DESTINO

Demandaríamos o prosseguimento do trabalho singular destinado a trazer à tona não apenas melhor compreensão de minha parte das nossas condições atuais de vida, mas também as devidas recordações de um passado esquecido, que a isso naturalmente me conduziria.

Procederia, pois, à continuidade da história de Nanci, oculta por detrás das névoas de um passado que não mais velava do que a nascente de alguns detalhes de minha própria trajetória mais recente.

Assim, à entrada do edifício agradável, e uma vez deixadas Ariel e mamãe aos cuidados generosos de Clarissa, que as reconduziria, respectivamente, ao tratamento adequado às particularidades de seus casos, Nicolas nos recebeu com a amabilidade usual, na entrada da saleta em que já nos aguardava para a sessão em iminência de iniciar-se.

Luciana também o cumprimentou, e conduziram-me ao interior. Como já estivesse mais familiarizada aos procedimentos, e menos ansiosa, não havia a necessidade de aparato maior do que o proporcionado pela assistência experiente do mentor lúcido e pela minha carinhosa cuidadora particular.

Dispensaram-se, dessa forma, as apresentações introdutórias, e logo assentamo-nos, lado a lado, para o começo da sessão. No meu caso, sem que conseguisse esconder certa ansiedade pelo que as cenas seguintes me revelariam, já que até o momento me compareciam somente a título informativo, sem produzir efetivamente o efeito esperado para o decorrer do processo, qual o de despertar gradativo de minhas reminiscências, de modo espontâneo, para as minúcias de um passado mais longínquo, que haveriam de esclarecer-me os dramas pungentes do histórico recente que viera de deixar há pouco nos cenários materiais.

Tudo, de fato, ainda se me comparecia muito confuso ao entendimento, no que a mim mesma e a meus familiares me dizia respeito.

Todavia, não demoraria muito para que se insinuasse a compreensão inevitável de que, das dores maiores às mais comezinhas aflições vivenciadas recentemente, *tudo,* não apenas no que se relacionava a acontecimentos, como principalmente às pessoas, se vinculava às atitudes adotadas em um enredo de convivências difíceis entre os mesmos personagens que ultimamente me rodeavam, muito embora tais fatos já se situassem, remotos, na esteira do avanço inexorável dos tempos. Avanço este que, na sucessão ininterrupta do se nascer e renascer, não nos possibilitava, de momento, enxergar, na vida vivida no Brasil, as nossas iniciativas mal sopesadas, que determinariam consequências na continuidade pura e simples da vida, embora esta se desse em outros cenários do mundo terreno.

E, apesar de que tal ordem de circunstâncias se verifique séculos mais tarde, sob o véu do esquecimento, quão sábio se nos confirma esse dispositivo de salvaguarda da Providência! Ela nos vela das lembranças mais imediatas, e no momento oportuno, o inimigo ou desafeto de outrora que tenta, precisamente, e de comum acordo conosco, remir mágoas; aparar diferenças; resgatar, enfim, um fio de coexistência pacífica em contextos existenciais inéditos e diversificados. Empresa necessária a todo aquele que, mais cedo ou mais tarde, e compelido pela dor do remorso pungente das experiências mais atrozes no capítulo da construção de ódios e rancores renitentes, entende não haver outra saída para a entressonhada paz, por cujo remanso curativo haverá de suspirar, sedento, o seu íntimo!

Não importa se hoje, amanhã, ou daqui a mais alguns séculos ou décadas!

Nenhuma alma, queridos irmãos em aprendizado na matéria, haverá de suportar indefinidamente a escolha de viver no deserto árido, pedregoso, aspérrimo do autoexílio do amor pelo seu semelhante, manifestado desta ou daquela maneira: a um irmão outrora carrasco; à mãe noutro tempo perseguidora; a um ente com quem compactuamos ideais e pensamentos em eras recuadas, enfim...

***

Nanci remoía planos.

Ao fim da ceia noturna, com Genoveva e Lucrécia a postos por perto, dispensando ordens às criadas para a retirada da louça da refeição noturna, e Mirtes matraqueando a seu lado sobre assuntos pueris de sua infância, dos quais mal se dava conta, a jovem se deteve observando atentamente seu irmão, Aluísio, entretido em diálogo sério e de teor importante com seu pai, Domício, e seu tio Nestor, acerca de negócios e assuntos administrativos da propriedade.

Sabia que não seria fácil desviar Aluísio de suas atividades atuais intentando convencê-lo a um retorno fortuito a Portugal, a menos que uma razão grave o compelisse – porque, a bem dizer, mais do que uma séria motivação o prendia voluntariamente, e em caráter definitivo, ao que tudo parecia, àquela terra difícil e tão absolutamente diferente do velho país europeu do qual descendiam.

"Maldita colonização...", Nanci dizia para si mesma.

Não se apercebia de que Mirtes havia desistido de falar para as paredes sombrias da sala mergulhada nas sombras do entardecer para prestar-lhe atenção aos modos esquisitos, os olhinhos azuis muito vivos, como contas brilhosas, presos nas suas feições mutantes...

"De que nos serve um lugar deste", continuava remoendo conjecturas, "situado no fim do mundo e com o qual mal conseguimos nos identificar por um motivo qualquer, por menor que seja? Eu, pelo menos, não encontro nenhum, por mais que pense..."

Contradizia-se. E cismava, suspirando, ao mesmo tempo em que imaginava onde poderia estar Judite àquelas horas, depois de ter saído furtivamente da sala ao término da refeição.

É que, no fundo, sentia-se dividida, apesar do seu aborrecimento. A falta dos salões de festas esfervilhantes das rodas da nobreza europeia pesava-lhe no temperamento algo

frívolo, de moçoila habituada aos requintes da aristocracia.
Contudo, algo novo, a despeito de todo o seu enfado, chumbava-a de maneira irresistível a um desejo ocluso de ficar, de permanecer naquele novo mundo, durante o maior tempo possível, por maior fosse a sua inadaptação e contrariedade com relação a uma série de quesitos!

Esse *algo novo* era Benjamim – embora, em seu íntimo convulsionado, o envolvimento escuso entre ele e a prima, e o próprio conhecimento dos impedimentos intransponíveis de uma união dessas, a convencessem, por antecipação, de que qualquer pretensão ou demora voluntária de sua parte em um sonho de tal teor absurdo reverteria em risco sério de uma tragédia de ordem familiar, a se desencadear provavelmente em prazo médio ou curto, nos destinos de Judite e do jovem empregado de seu tio!

Sabia, com base nisso, aliás, que tinha o destino daquele rapaz impulsivo, e o de sua prima, por extensão, em suas mãos! Por ser, estava certa, a única da família a conhecer o drama que se desenrolava às ocultas entre o singular casal de amantes.

Conhecia também que, na certa, bastaria essa revelação extemporânea, abrupta, e apesar das consequências funestas que disso adviriam, para arrancar Aluísio de sua determinação em permanecer no Brasil, por conta do desgosto íntimo que dominaria seu orgulho arrogante de homem e de fidalgo, ao se inteirar das últimas acerca de sua preferida!

Todavia, freava-a, ainda, a fatalidade que, sabia, se abateria sobre Benjamim.

Embora o odiando intensamente pela indiferença demonstrada de maneira renitente a seu respeito, em proveito do seu sentimento por Judite, hesitava se queria para ele um sofrimento cruel, despótico, cujo arremate, pressentia, repousaria, na melhor das hipóteses, em exílio em trabalhos forçados crudelíssimos em áreas mineradoras; e, na pior, em morte infamante, nas mãos de um dos feitores da fazenda do tio.

Mas o ódio pela indiferença do escravo combinado à atitude falseada da prima era fator poderoso demais a que Judite, jovem e imatura, pudesse resistir indefinidamente, sem tomar nenhuma medida impulsiva!

Sem dúvidas, por alguma razão que me escapava, as sessões a que me submetia sob a didática de Nicolas me conduziram exatamente ao testemunho desse estágio importante e recuado de minhas reminiscências adormecidas. Porque, ato contínuo, na tela faiscante à frente de meu olhar hipnotizado, vi a arrebatada Nanci se levantar de um impulso, arrepanhando as vestes fartas e deixando ali, perplexa, a priminha mais nova, a observá-la sem nada entender.

– Sonsos! Dissimulados! *Vamos ver...* – murmurou, surdamente, mordiscando os lábios rosados e trêmulos de raiva sob o efeito nocivo de seus pensamentos escaldantes.

Saiu do ambiente da sala, de abrupto, ao que Genoveva, com estranheza nítida ante a atitude inesperada da filha, cobrou de imediato de Mirtes:

– Aonde vai sua prima, assim, de rompante, justo agora, quando precisamos das mulheres presentes nos afazeres de casa?!

– Não sei, tia... – a menina confessou, com sinceridade.

– Disse algumas coisas para si mesma, e acho que não ouviu nada do que conversei com ela há pouco!

Genoveva franziu o cenho, com um mau pressentimento, sem poder deter-se nisso mais demoradamente, pois uma das criadas atraía-lhe a atenção para uma orientação qualquer na arrumação da mesa.

Quanto aos homens, a um canto, bebericando vinho em taças, prosseguiam em seus assuntos, sem nem pressentirem a tempestade ribombando, prestes a desabar sobre a morada, nos momentos seguintes.

Efetivamente, Nanci, orientada pelo palpite íntimo, havia se dirigido, apressada, para determinado ponto da propriedade onde imaginou estar Judite.

De fato, a moça havia sido atraída pelo chamado de Benjamim, preocupado em dizer-lhe algo que julgava importante: justamente alertá-la para a desconfiança de uma sua irmã, também criada da casa, de que deveriam se acautelar com Nanci, devido a alguma nota em falso observada pela garota astuta durante uma das vezes em que, sem se julgar observada, lançava ao casal olhares saturados de ódio mal contido, durante um de seus encontros furtivos nos terrenos circundantes da casa.

Não contaria, porém, com mais tempo para preveni-la como se devia de sua imprudência, porque, seguindo Judite a passos de gato, e presenciando o encontro esquivo de ambos num ângulo recuado dos estábulos, durante o qual, e logo de saída, abraçaram-se incontidamente, beijando-se, por se julgarem livres de testemunhos inconvenientes, a temperamental Nanci não pôde mais controlar os seus acessos íntimos desatinados.

Transida, presa na cadeira confortável onde me acomodava, de mãos entrelaçadas com Luciana, agora, ciosa de minha evidente agitação, vi Nanci voltar correndo, rubra, transtornada, as lágrimas grossas escorrendo-lhe pelo rosto alvo e descomposto.

Entrou, minutos depois, na sala, em que apenas os homens se demoravam em sua palestra. E, interrompendo-os de chofre, gesticulou, desatinada para o irmão e exclamando:

– Aluísio! Tem de vir, *agora*!! Ou perderá um espetáculo sem precedentes!!

O jovem bem trajado conteve o verbo, entre aturdido e trocando olhares de surpresa com seu tio e o pai. Este último ainda ensaiou acompanhar o passo de Aluísio, de imediato preocupado com o aspecto desfalecente e horrivelmente desfigurado da filha mais jovem, aparteando:

– Mas... *Nanci!* O que se passa? Está quase desmaiando! O que está acontecendo?

Aluísio já se lhe acercara, esquadrinhando-a, perplexo. Nanci tinha lhe travado o braço com firmeza tensa; em seu transtorno, todavia, ainda tentou excluir o pai da situação crítica, num arremedo de preocupação com Benjamim, inspirada pelo amor sofrido e cheio de mágoa que, contraditoriamente, nutria-lhe.

Mas foi tudo em vão.

Eis que os três homens se lhe acercaram e acompanharam-lhe os passos, enquanto, banhada em lágrimas, e aos soluços transtornados, ela desfechava para Aluísio, andando, trôpega, em direção aos fundos:

– *Olha*, Aluísio!! Finalmente presenciará o que esta terra amaldiçoada reservou aos seus melhores sonhos! E, asseguro-lhe, o que verá será somente o começo dos seus desgostos!

– Mas... *a que se refere, filha*?! – foi o alarmado Nestor, homem de índole enérgica, vigoroso e altivo, quem tomou a frente, no verbo e nos gestos enfáticos, em lugar do inerte sobrinho, que era arrastado pela irmã tomado de horrível pressentimento íntimo.

Nanci estava irremediavelmente entregue às consequências lúgubres de sua própria falta de senso.

Derrotada, sem o mínimo de lucidez que lhe permitisse mais, de algum modo, ponderar alternativas, ela somente meneou a cabeça, soluçando convulsivamente e respondendo, acossada pela pressão irresistível das perguntas de seu tio e senhor daqueles vastos domínios nas terras pródigas do Brasil, em seus primeiros séculos após a colonização portuguesa.

– *Verá*, tio Nestor! *Verá*!! Com os seus próprios olhos... – a jovem lusitana assegurou com a voz soando numa tonalidade horrível, os olhos claros despendendo faíscas sombrias na direção dos homens e de seu assombrado irmão.

CAPÍTULO QUATORZE
OS DOIS LADOS DA MESMA MOEDA

Quedei-me, perplexa, transida ante a recordação brusca!
Aluísio e Nadav eram a exata e a mesma pessoa, por debaixo de personalidades distanciadas somente por dois períodos de tempo – a lembrança assomou-me, abrupta, desnorteadora!

Tive a impressão de que ia baquear, pálida, perdendo brevemente a noção de mim mesma!

A sessão foi interrompida de súbito, bem no momento em que as consequências da tragédia familiar em curso se delineavam ante o meu olhar estático, banhado de lágrimas pungentes: a morte infamante de Benjamim, sob o flagelo crudelíssimo dos capatazes e os olhares frios e imparciais de meu tio e do meu então genitor, não obstante os protestos súplices e banhados de lágrimas desesperadas do velho Abílio, presenciando, impotente, a morte hedionda do seu primogênito. E o severo castigo desfechado contra a imprevidente Judite de outrora, vitimada pelo amor incontido por um escravo, amor este tolhido de forma brutal pelo fator proibitivo da mentalidade de toda a sociedade despótica de uma época.

Teve ela, ao final do drama dolorosíssimo para a sua alma, o filhinho clandestinamente arrancado de seus braços, e cedido ao cuidado generoso de escravas do lugar. Ai de mim! Pois que soava a hora de saber do retorno inexorável de consequências desesperadoras que, para mim, foram destinadas bem recentemente, ainda que vivenciadas de maneira inconsciente. Consequências compelidas por força dos atavismos cármicos, pelos ressentimentos íntimos flagelados daquela jovem, que ainda voltara ao curso de meu destino com participação funesta, nos cenários aterrorizadores de Auschwitz, como será visto, adiante nesta narrativa!

Retornaram, portanto, os aparentados de Nestor e Lucrécia a Portugal, a cabo de algum tempo, e finda a sofrida convalescença de Judite, para gáudio da então realizada Nanci, cegada pela satisfação pérfida da vindita bem-sucedida.

De resto, Aluísio terminou por mergulhar também em desgosto e em doença depressiva de difícil tratamento, que lhe comprometeram todo o bom andamento da vida, mesmo após o retorno à Europa!

Casou-se, já em idade avançada e incompatível para a formação de uma família, segundo os costumes da época, com mulher das rodas aristocráticas lusitanas por quem não sentia o arremedo necessário de estima à manutenção de uma vida conjugal pelo menos passável. E a Nanci de então... esta, a despeito do prazer da desforra, realizou-se na vida afetiva também não mais que passavelmente, e no mesmo contexto dos casamentos de conveniência, que marcaram grande fatia da história das antigas sociedades humanas.

Carregou, todavia, para o túmulo, a culpa devoradora pelos destinos nefastos reservados à prima, e, principalmente, à criança entregue a destino incerto, e a Benjamim, a quem nunca, e de fato, deixou de amar!

E o arremate dos efeitos da lei do retorno, Nanci – *eu, Esther!* – o sentiria no presente estágio findo, para cujas explicações, após a retomada dolorosa dessas reminiscências, me veria afinal predisposta, tão logo passassem os primeiros efeitos desnorteadores do intenso choque que se assenhoreou de minhas emoções.

A tela ampla e luminosa havia se apagado na sala banhada pela luz reconfortante e azulínea, e pelo silêncio, agora terapêutico, aos meus nervos superexcitados.

Sem demora, Nicolas me cercou dos cuidados precisos, juntando esforços carinhosos e eficientes com as iniciativas da sempre afável Luciana.

– Vejamos, minha irmã... volte a si! Já passou! A tormenta há de se desfazer, e tudo o que nos restará, agora, será a retomada do devido entendimento, para a preciosa renovação íntima, presente e futura! Vamos conversar assim que se sentir disposta! – explicou o tutor amigo, oferecendo-me um copo cristalino cheio de água fresca, cujos primeiros goles produziram em meu estado de espírito maravilhoso efeito regenerativo.

Explicou-me Luciana, de acréscimo, tratar-se de água fluidificada para fins terapêuticos, exatamente dirigidos àquela reação por mim manifestada, e muito comum aos que se submetiam à fase mais crítica das sessões regressivas da instituição de acolhimento dos que regressavam da vida física.

Sôfrega, ainda, arfante, pousei, enfim, os olhos atordoados na fisionomia apaziguadora dos dois tutores.

– Aqueles olhos... – larguei a declaração a esmo, escapando-se da garganta contraída, experimentando severa falta de fôlego. – Jamais os esqueceria... Aluísio é Nadav, Luciana!! Deus!! O noivo por quem nutri ternura sincera, durante a vida... aproximado do meu destino, porém, mais que por qualquer outro fator determinante, pelas ligações naturais entre famílias judias... promovidas por papai!

Balancei brevemente o rosto, contraindo a mão que entrelaçava a de Luciana. Esta se inclinou carinhosamente e afagou-me os cabelos. Trocando com Nicolas um olhar compreensivo, deixou que me desafogasse até onde necessitasse, para que de novo me visse disposta a continuar nas minhas impressões desencontradas.

A certo ponto balbuciei, quando imagens estranhas, embaralhadas, aos poucos me assomaram, em sequência salteada, à mente fervente, como enigmático quebra-cabeça distanciado de lembranças que me diziam respeito, as lágrimas escorrendo-me, incontidas, pelos olhos:

– Oh, meu Deus!! Nadav... *Aluísio*! – exclamei, atarantada, incontidamente. – Logo ele... Que contribuiu com o seu ódio ensandecido para a morte de Benjamim no flagelo final e terrível! Acabou convertido à escravidão infamante, tanto quanto aconteceu com Benjamim naquelas épocas recuadas, estranhas... que aparentam dizer respeito à vida de outras pessoas, que não eu...

Olhei para eles. Apenas me ouviam, com serenidade.

Luciana inclinou-se mais para mim, novamente carinhosa, esclarecendo-me, com zeloso tato devido à minha evidente fragilidade.

– Sim, Esther. Suas recordações começaram a emergir... mas somente para o seu esclarecimento e benefício! Para que entenda, apenas; não para que sofra! Veja que isso é luz que se faz onde anteriormente tateava no escuro, revoltada, sem conseguir atinar com o sofrimento superlativo e aparentemente descabido das suas vivências mais recentes...

– Precisamos aprender a lição simples de que o que dói mais ou menos no nosso semelhante, igualmente dói nos nossos sentimentos, irmã!... – acrescentou Nicolas, sem crítica nem julgamento, mas na entonação fraternal de quem apenas comenta a lição do dia com o estudante escolar.

– Na época... – continuou Luciana, sorrindo-me com bondade – a imatura e caprichosa Nanci não pretendeu, exatamente, o flagelo crudelíssimo, sob cujo peso sucumbiu o então Benjamim... senão que mera desforra dos sentimentos desprezados em seu detrimento, diante da ligação amorosa que sustentava com Judite. Mas os arroubos cegos, incandescentes, das paixões sem rédeas, próprias do temperamento inculto da jovem cheia de vontades e mimos sempre satisfeitos, fizeram-na aprender, da forma mais dura, que para cada ato mal sopesado que adotamos, desencadeando prejuízos ao nosso próximo, cabem consequências terríveis, imprevisíveis, principalmente em se tratando de prejuízos desfechados a alguém inocente e em situação de fragilidade e completa subalternidade, como era o caso daquele moço, na ocasião!

E ela continuou concluindo inspirada, após uma pausa espontânea durante a qual esperou, de minha parte, a assimilação satisfatória do que procurava me transmitir.

– Tais prerrogativas acontecem sob os imperativos das leis da sintonia universal, que mobilizamos durante o tempo todo, mesmo sem uma noção clara... E esta lei de sintonia não produz julgamento de valor, Esther! Magnetizamos em nossa direção na exata proporção do que energizamos para a vida, seja construtiva ou destrutivamente!

– Pressenti, quando Nadav se distanciou em lágrimas naquele trem hediondo, que ele jamais voltaria... – devolvi, no fio de voz que a emoção destroçada me permitia. – Todavia, atrevi-me a nutrir, a cada dia, a esperança de que, de algum modo, tudo acabaria, e que eu tornaria a revê-lo! Pois soube de casos em que aconteciam reencontros... ou dos que, apesar de tudo, não foram aparteados...

Nicolas mudou ligeiramente sua posição no sofá branco e confortável em que estava sentado para me esclarecer um pouco mais.

– Não convinha às diretrizes do Reich nazista permitir a procriação entre os aprisionados e escravizados do regime de Hitler, minha irmã!

– Mas... como?! – aturdi-me. – Como assim? Eu e Nadav éramos discretos. Como souberam da nossa condição de noivos?

– O resgate de suas recordações não alcançaria esse ponto, porque se refere a algo que se deu nos bastidores da situação, Esther, querida... Em operação mais minuciosa e conjunta com as de outros que compartilharam estes acontecimentos, a cadeia magnética possivelmente o permitiria. Mas não aqui, agora, no seu caso... Nada, contudo, é sem propósito... – Luciana disse, atenciosa. E, afagando-me os cabelos ainda, com ternura de irmã próxima e muito estimada, apôs: – Houve uma denúncia... de uma alma atormentada nos caminhos dos desenganos inúmeros cometidos na atual fase da história humana, cujo contexto se acasalou, propiciamente, com certos ranços tenebrosos que lhe habitavam os recessos da alma, no capítulo da vingança! Alguém que a reconheceu espiritualmente tão logo deparou com você pela primeira vez, e que lhe esteve muito próxima nos tempos mais difíceis dos campos de Auschwitz!

Pausei, estática, durante breve momento.

Olhando no fundo dos olhos castanhos e generosos de Luciana, uma intuição forte, súbita, emergiu das piores recordações que ali me assomaram, dos últimos tempos antes do nosso retorno.

– *Frau Etzel Merenstein!* – exclamei, eletrizada.

Luciana somente confirmou, com um meneio de cabeça.

– A... cuidadora alemã! – e como Luciana e Nicolas somente me fitassem, silenciosos, à espera da confirmação íntima de minhas impressões emergindo em turbilhão, arrisquei: – Ela era... Judite, Luciana? – Os soluços se avolumaram novamente, em grande mágoa íntima. – Judite! Teve ela a coragem de se desforrar desse modo em nós? Por um passado do qual nem nos lembrávamos mais!

Quedei o rosto, soluçando convulsivamente, e sendo abraçada pela tutora amorosa, que logo acalmou com palavras reconfortadoras aquela nova crise.

– Mas... é impossível! – exclamei, entre soluços, sem querer me convencer ainda do que as próprias reminiscências recém-despertas só faziam confirmar. – Ela nem se mostrava tão perversa! Era contida – contei, buscando no olhar compadecido de Luciana a luz de uma remota hipótese de engano naquela revelação dura. – Não chegava a nos maltratar fisicamente, embora a frieza de suas atitudes... Mas nunca denotou ser capaz de chegar a ponto de mobilizar contra nós algo extremo, que extrapolasse suas meras obrigações de vigilante das prisioneiras da ala feminina!

– Esther... Certamente nos enganamos muito em nossas impressões do que vai no íntimo dos que nos ladeiam, em alguns percursos da jornada! Certo, ela entreouviu alguma coisa. E, para as almas que se deixam dominar pelas emoções ingratas das antipatias gratuitas e presas às ideologias cruéis da hora que passa, e, por extensão, pela cólera injustificada para com os nossos semelhantes, dos quais não logramos entender as diferenças ocasionais, fica difícil vencer os impulsos sombrios contra os que, muito ou pouco, prejudicaram-nas no passado recente ou mais distanciado. – Pausando novamente, enxugou amavelmente as lágrimas que me lavavam o rosto descomposto e continuou: – O reconhecimento da alma vem fácil, tão logo se opere o reencontro certo, pois ódios e ressentimentos também são ligas poderosas entre todos. Isso acontece apenas para reaproximar pessoas repetidamente em convivência, a fim de que superem as diferenças e atendam as necessidades da união em amor entre os seres, pois que a lei do amor, esta sim é o sustentáculo indestrutível do equilíbrio da vida. E quem se furta a adotar as suas diretrizes imperativas, mais cedo ou mais tarde se vê compelido a fazê-lo.

E completou, com entonação cativante e encantadora:

– E só existem dois caminhos para que isso aconteça em prol da felicidade maior de todos, querida: voluntariamente, pelo entendimento; ou pelo trajeto doloroso dos embates entre as criaturas que persistem no caminho enganoso e triste da desunião, da cólera, das angústias, que ainda e tanto infelicitam o ser humano. No que lhe diz respeito, a oportunidade é valiosa para o entendimento e para o perdão, minha irmã... dirigidos a si mesma, que, agora, se vê diante de chance da redenção pelo aprendizado; e a ela, Judite, pela hora importante da compreensão das razões pelas quais agiu dessa forma, embora se conduzindo pelos caminhos escuros que só encontram, a qualquer tempo, o desfecho da dor e da autoflagelação da culpa e do remorso, em tempo aprazado!

CAPÍTULO QUINZE
JARDINAGEM E VIDA

Tinha entre as minhas mãos as flores frescas pelo orvalho da manhã perfumada. Florzinhas múltiplas e acetinadas, em buquês graciosos, espalhados por um arbusto frondoso, e azuis como miosótis; no entanto, desconhecidas de tudo quanto recordava ter visto mais recentemente, no cotidiano terreno das terras frias da Polônia.

Trabalhando no cultivo daquele trecho dos bosquetes, quem me observava com serenidade os modos era Fabrizio, os olhos azuis franzidos ligeiramente por sob o amplo chapéu que o protegia da luz solar intensa do começo da manhã, pousados com curiosidade no meu semblante distanciado.

Atendera, de boa vontade, à expressão de meu desejo, externado ultimamente a Luciana. Ela solicitara ao marido que me facultasse participar dos cuidados com os jardins da moradia, dispostos com capricho em todo o entorno dos campos da casa.

Assim, além de, aos poucos, ir me familiarizando com as particularidades da rotina doméstica em uma dimensão da vida em que tudo era mais leve, mais facilitado, mais feliz, também acrescentava de boa vontade aos meus hábitos diários aprender a respeito do cultivo de flores em situação na qual, para a minha ainda profunda surpresa, as particularidades das atividades em quase nada diferiam dos métodos conhecidos durante os dias na matéria, quando apunha adubos e nutrientes propícios em terra fértil, regando, semeando em tempo certo, colhendo e apreciando a florada maravilhosa por ocasião da primavera, enfim...

Ali, em quase nada essa rotina se mostrava modificada, senão para melhor. A terra era sentida pelo tato fresca, lanosa. O nosso olfato surpreendentemente era mais sensível aos perfumes das flores e aos aromas do ambiente. As cores, muitas delas, bem como a variedade da flora, eram em grande parcela desconhecida de nossas recordações mais recentes. Não somente ali, mas em toda Elysium, os jardins eram banhados de maneira invariável, aos últimos clarões do sol poente e com o início do crepúsculo, com a luminosidade mágica das auras multicoloridas, irradiando-se dos diversos canteiros, como em divino sonho de luz!

Sobretudo, a tonalidade do azul-celeste, o brilho do sol e a salubridade do ar eram incomparavelmente superiores àqueles de nossa intimidade durante os dias no corpo material terreno, nos quais já se faziam impressivos os efeitos deletérios da poluição ambiente, pela ação destruidora do homem.

A certa altura dessas considerações em tudo reconfortadoras, manifestei meus pensamentos, atraindo a atenção de

Fabrizio, ocupado em dispor novas sementes num ângulo do canteiro.

– Como gostaria de, em algum momento, saber do paradeiro de Nadav; assim como também conseguir contatar papai e Baruch...

Era antes um suspiro, profundamente melancólico, que um comentário dirigido a alguém específico.

A isso, contudo, Fabrizio somente sorriu. Aparentou não ter ouvido devidamente o que eu comentei; mas depois compreendi se tratar de uma noção errônea da atitude dele.

– Sabe, sobre estas plantas aqui... – e apontava para um grupo de plantas fartas de galhos frondosos, anãs, coesas como que zelosas de se protegerem de alguma ameaça externa – são necessários nada menos que seis a sete meses até que tenhamos o prazer de ver despontar os primeiros brotos. É plantinha melindrosa, cujo cultivo exige a época certa e alguns cuidados persistentes antes que afinal se fortaleça o suficiente para ganhar fôlego de desenvolvimento sob a terra pródiga!

E, antes que eu pudesse dizer qualquer coisa, atraída com certa relutância de meus pensamentos para o que ele comentava, continuou, mostrando-me outra área do jardim florido:

– Já aquelas – e apontava para uma profusão de florzinhas semelhantes a amores-perfeitos, todas de um vermelho-vivo, cobrindo qual tapete farto e aveludado a maior parte do terreno cercado para o qual o jardineiro aplicado reservara apenas as sementes daquelas flores em particular, chamadas em Elysium de vaga-lumes, pois ao cair do sol, costumavam reverberar, para quem as contemplava de longe, como que piscando a sua então esmaecida tonalidade avermelhada sob os

últimos clarões do sol – são especiais, espalham-se com velocidade maravilhosa e sob poucos cuidados, bastando-lhes
a luz do sol diário e alguma poda e água, pelo amanhecer!
E Fabrizio sorria, observando-as se ondular sob as brisas
aromáticas da manhã, agachado ao meu lado, apoiado sobre
os joelhos.

– São um regalo para os olhos. Luciana as adora com carinho particular!

Olhava-o, incerta sobre o que dizer. Apreciava o ensinamento, e sorri para ele, de leve. Mas Fabrizio adivinhava o
que ia em meus pensamentos e estendeu o significado do
que me expunha de maneira mais clara e apropriada às minhas expectativas.

– Não somos diferentes das plantas e das flores, Esther!
Cada qual de nós obtém seu máximo de realizações e de
conquistas no tempo certo para nossas necessidades individuais! Quem cultiva nosso terreno particular são os acontecimentos da vida, que nos servem de alimento ao espírito!
– gesticulou com afabilidade. – Esteja certa de que Nadav,
seu pai e Baruch estão sendo devidamente *cultivados* pelos
recursos sábios de jardinagem do Criador maior, nosso
Deus! No tempo certo alcançarão, como você, o momento
aprazado para um reencontro, no qual, quem sabe, obterão
o devido alento e auxílio mútuos!

Compreendi de pronto, e com clareza indiscutível, a extensão e oportunidade da lição a mim dirigida com tanta bonomia!

Sim! Era tempo de aprendizado e de espera. Não deveria
me queixar ou impacientar e sim, antes, agradecer a Deus a
realidade do dom eterno da vida!

Voltando a arar o recorte de solo em que cultivava as sementes novas, e percebendo em minha disposição a assimilação espontânea de suas observações, feitas no sentido de meu bem-estar íntimo, arrematou, a propósito, sorrindo-me, o rosto barbeado corado pelos efeitos saudáveis do calor solar.

– Observe que Ariel, sob os cuidados da Casa de Recreação, já se acha satisfatoriamente recuperada e adaptada à nova vida, eximindo-as de maiores cuidados com o seu estado! E a senhora Angelika, antevejo para ela bem brevemente condições adequadas a que, com as suas reminiscências pregressas resgatadas convenientemente, possa iniciar contigo maior alcance de propósitos, nas suas realizações por aqui, no seu verdadeiro lar!

– Poderemos, então, nutrir esperanças de obter notícias de nossos entes queridos? – ousei indagar, com brilho renovado no olhar antes algo desalentado, ao que Fabrizio, continuando no seu arado manual, ainda sorriu-me, olhando-me com os seus olhos expressivos, de modo significativo.

– A chuva presenteia o plantio no tempo certo, Esther querida!

Sorri também.

E igualmente já entendia. A empatia experimentada pelo casal generoso, que tão amigavelmente nos acolhia, de fato residia em um histórico de afeto vasto, iniciado em épocas muito anteriores aos tempos presentes!

E isso me reconfortava grandemente, conferindo-me a sensação indescritível de, realmente, ter *voltado para casa!*

CAPÍTULO DEZESSEIS
NOTÍCIAS SURPREENDENTES

Muitos meses depois, nossa readaptação a Elysium progredia a olhos vistos. Algumas reminiscências nos chegavam, espontâneas, sob os cuidados de Nicolas e de outros diligentes operadores nos trabalhos regressivos, como me advertira Fabrizio naquela manhã ensolarada já distanciada nos jardins de sua adorável moradia dos campos, no tempo certo ao nosso bom aproveitamento de informações que nos valessem de modo útil ao atual estágio de nossas vivências.

Todavia, forçoso confessar que, se de um lado já nos não flagelavam as dores emocionais aguçadíssimas dos primeiros tempos de recém-chegadas, em que os traumas das lembranças frescas do martírio prosseguiam açoitando, implacáveis, nossa sensibilidade, de outro, a retomada da compreensão de determinados fatores relacionados aos nossos entes queridos ainda afastados funcionava como uma faca de dois gumes.

Se de um lado nos esclarecia sobre as razões maiores de tudo pelo que passavam, situadas nas atitudes de um passado mais ou menos recente, de outro, doía-nos a alma, solidárias com o sofrimento decorrente da colheita difícil, mas obrigatória, que, como acontecera a nós mesmas, cabia a cada um deles tomar para si de bom grado, a exemplo de remédio amargo, mas salutar.

E foi assim que, certa tarde, recebendo a visita agradabilíssima dos filhos de Fabrizio e Luciana, fomos colhidas por notícias inesperadas, graças ao empenho franco daquela pequena família em nos situar da melhor maneira possível na continuidade de nossas experiências, sem descuidar de nos auxiliar, quanto possível, no capítulo delicado das tão desejadas informações sobre o paradeiro daqueles que deixáramos para trás, na esteira das aspérrimas vivências terrenas acontecidas nas décadas já distantes dos últimos séculos findos.

Grato nos foi testemunhar o reencontro, cuja emoção tocante era sempre renovada, a cada visita dos dois rapazes carismáticos e risonhos.

O fato de serem muito semelhantes entre si, nos fez indagar ao casal se já haviam sido gêmeos em alguma estada material. Ao que Luciana me respondeu de boa vontade, visivelmente radiante, feliz, já providenciando acolhimento e lanche saudável aos dois filhos queridos.

– Acertou! Aconteceu há três retornos à matéria! Vieram como meus filhos, nessa condição peculiar, e tão grata se constituiu a convivência entre ambos, tamanha a parecença e o prazer marcado nas suas almas afinizadas pelas contingências vivenciadas em comum nos saudosos tempos das terras gregas, que ainda habitam suas melhores recordações, conservando, na aparência, essa similitude flagrante que ainda e tanto lhes significa intimamente! – E, voltando-se para o voluntarioso Lucas, continuou: – Então, não trouxe a sua Cíntia, como de costume?

– Ah! Cíntia! – ele riu-se. – Sempre às voltas com suas crianças recém-vindas! Hoje chegaram mais quatro aos seus cuidados, mamãe, e não há nada realmente capaz de demovê-la de seus afazeres junto a elas. Uma delas ainda é um bebê, desencarnado em idade precoce, e necessitado de cuidados especiais, que você já conhece!

Ouvindo-o, Luciana logo elucidou minha dúvida:

– É um dos casos nos quais este acompanhamento, ao qual Lucas alude, implica avaliação esmiuçada das condições pelas quais nos chegou o recém-vindo, Esther! Qual razão motivou seu retorno precoce? Provação específica do desencarnante, ou dos pais deixados para trás? Ou ainda situações em que uma família inteira nos chega a um só tempo, como, aliás, muito se tem verificado nestes tempos tristes de guerra entre os homens na matéria? Cada situação, portanto, exige a participação dos projetistas cármicos, parentes ou amigos diretamente envolvidos com os casos específicos de cada irmão que acolhemos em Elysium, a exemplo do que ocorre também em noutras estâncias destas esferas da vida.

Todos nos sentamos. Fabrizio juntou-se à palestra gratificante, e agradável grupo se formou, dessa forma, acomodado na varanda refrescada pelas brisas campestres da tarde.

Luciana serviu os saborosos refrescos dos frutos colhidos do pomar particular da família, e, sem perder o fio

de continuidade do que dizia, Lucas comentou, voltando-
-se para o irmão, rapaz moreno de grandes olhos casta-
nho-escuros:

– Mas, vamos, Bruno! – gesticulou. – Não demore com
as novidades importantes que traz de Recanto das Águas e
que motivou a nossa visita! Muito interessam às hóspedes
da casa aqui presentes!

Bruno logo assentiu, despertando a atenção aguçada de
Luciana e de Fabrizio. Colocou o copo na bandejinha branca
sobre a mesa e principiou, detendo-se em mim e em mamãe.

Ariel, àquelas horas, achava-se entretida em brincadeiras
ruidosas nos arredores da morada, correndo pelos jardins
com a menina residente em vizinhança próxima, menciona-
da anteriormente por Luciana.

– Senhora Angelika, Esther! Demoramos algum tempo,
creio que de modo desculpável, a trazer-lhes estas novidades,
no intuito de conferir-lhes agradável surpresa, todavia, atentos
em primeiro lugar à certeza do bem-estar que lhes proporcio-
narão as notícias, quando oferecidas em momento certo!

– Oh! – mamãe logo teve seu olhar mais vívido, aceso,
depositando a atenção, algo ansiosa, no mais velho dos dois
rapazes sentados ao derredor. – Será que posso me atrever a
adivinhar do que se trata? Diz respeito aos nossos parentes,
sobre os quais há tanto tempo ansiamos notícias?

– Sim – Bruno concordou de pronto, com um sorriso,
sem maiores demoras. – Sobre o senhor Borinski, que, afinal, foi acolhido pelos nossos no Departamento de Resgate;
e sobre seu filho, Baruch. – E, voltando-se para mim com o
olhar amigável, finalizou: – E também sobre Nadav, Esther!

– Eles também retornaram? – perguntei logo, quase me levantando, sem poder me conter. – Estão aqui, em Elysium, neste momento? Poderemos visitá-los?

– Participei da acolhida ao senhor Borinski... – Bruno aplacou em primeiro lugar a óbvia ansiedade de minha mãe, em cujas mãos, algo trêmulas, repousava, inerte, o copo com o suco.

Procurei conter-me, intuitivamente, e escutar a narrativa que prometia ser emocionante.

Bruno continuou, sob a atenção de todos:

– ... Com papai e outros amigos responsáveis pelo setor de resgate nas esferas mais densas. Achava-se algo exaurido, desnorteado. E, profundamente, desesperançado. – Contou, num gesto compreensivo: – Não era para menos. Há meses buscava influenciar devidamente seu filho e seu genro na fuga arriscada rumo a outro país, em navio clandestino, providenciado por movimentos de resistência que os auxiliou, em momento-chave!

O choque da notícia fora quase demasiado.

Mamãe recostou-se no assento, empalidecida, quase largando o copo, as mãos indo instintivamente ao colo opresso. Inclinei-me, entrelaçando-as, em troca espontânea de forças mútuas naquele minuto decisivo.

– Borinski. – Ela sussurrou, algo tonta, a voz quase um sopro: – Oh, céus! Então, enfim, ele chegou!

Via-se que se detinha, indecisa entre o sorrir e o chorar.

– Quanto a Baruch e Nadav... – eu me via perplexa. – Eles... conseguiram? – Atônita, mal conseguia acreditar nas novidades: – Eles conseguiram fugir de Auschwitz?

E cobrava a confirmação do compreensivo Bruno, assentado próximo a nós a endereçar-nos afável sorriso, em atitude amigável.

– Sim... – enfim, reconfortou-nos sob os olhares também admirados de seus familiares alheios àquelas novidades inesperadas. – Não há nada que nos aconteça fora da programação divina, minha irmã! Ainda não era a hora do retorno de Nadav, ou mesmo do seu irmão, como já o supôs com tanta convicção ante aqueles acontecimentos extremos!

– Observem que o movimento incessante das mudanças encaminha os seres para destinos inusitados, conforme sejam os roteiros que devam atravessar durante o aprendizado eterno de que necessitam... – arrematou Fabrizio, atraindo o nosso olhar ainda perplexo.

– E... para onde foram Baruch e Nadav? – mamãe perguntou, emocionada. – De que forma conseguiram? Oh, Deus! Para onde foi o meu filho, desse modo surpreendente, fugindo para longe de nossa pátria?

– Para o Brasil, senhora!... – o amável Bruno logo atendeu sua curiosidade, ainda uma vez nos surpreendendo, de vez que o simples enunciado do nome daquele país distante pouco ou nada dizia-nos ao espírito adormecido nas reminiscências das épocas nas quais, principalmente para mim, desempenhou, com seus cenários exuberantes, papel-chave nos desdobramentos do meu destino...

CAPÍTULO DEZESSETE
NOVO REENCONTRO

Papai dormia.

Na companhia de Bruno e Fabrizio, e sem poder esconder a aguçada ansiedade estampada em nossa fisionomia, atravessáramos vários dos setores de Recanto das Águas dedicados ao acolhimento e refazimento dos recém-vindos da matéria, em seus múltiplos estágios de adaptação e recuperação da saúde física e espiritual, em dependência direta de cada caso particularizado.

Assim, Fabrizio e o filho nos explicavam: de um lado existiam os corredores de acesso a setores mais distanciados do núcleo comum das atividades cotidianas da instituição. Eram locais em que se exigia atmosfera de produção particularizada, tão silenciosa quanto segura, uma vez que abrigava irmãos recém-chegados da vida física em condições de desequilíbrio crítico, o que não lhes permitia ambiente de liberdade maior, no qual os pacientes em franca recuperação e em situação melhorada, podiam se evadir de seus quartos e leitos para visitas ou caminhadas salutares pela área do parque, na companhia de seus cuidadores.

Lá, contava-nos Fabrizio, recursos vários, e ainda desconhecidos da medicina terrena, eram usados com precisão para o restabelecimento de maior ou menor duração dos que assim requisitavam tratamento diferenciado.

De outras alas da casa aprazível, evolava-se perfume indefinível, entremeado por melodia única, desconhecida, das músicas das mais altas esferas. À nossa admiração espontânea, Bruno contava-nos, prazeroso, ser aquele um dos departamentos nos quais estagiava, em dias determinados, na companhia da mãe, Luciana, aplicando a cromoterapia associada à musicoterapia na recuperação de pacientes de variáveis matizes.

Disse, também, tratar-se o perfume, percebido com encantadora discrição no ambiente, de um tipo de terapia holística avançada, quase em desconhecimento nas esferas materiais terrenas, ainda nos dias atuais, o qual, em associação com as condições apropriadas da contribuição da música e das luzes de variadas nuances multicores, influía na valorização inequívoca da recuperação mais rápida do indivíduo, incrementando seu bem-estar emocional e psicológico.

– Em um ambiente como o terreno – explicava-nos o filho de Fabrizio, atencioso –, efetivamente, o paciente só conta, no mais das vezes, com a contribuição deficitária da medicação tradicional e sintomática, não atingindo de forma satisfatória a raiz dos males, de modo a saná-los definitivamente, tanto no âmbito do corpo quanto no da alma.

Para tanto – continuava, entusiasmado e seguro da eficácia dos métodos –, há de se combinar medicamento e condições minuciosas da atmosfera circundante, objetivando a que, de uma perspectiva conjunta e mais realística da vida humana, o ser se sintonize com uma conjuntura saneada em variados níveis, compatíveis a que sua cura se realize do modo correto, de dentro para fora, uma vez que qualquer mal orgânico se origina em deficiência interna, de atitude, de pensamento ou de sentimento.

Havia quartos inteiros mobiliados ou pintados com cores específicas, em tonalidades reconfortantes de azul ou verde-claríssimo; em certas alas, cores em nuances pastel nas paredes e no mobiliário. Perfumes com notas de sândalo ou florais de fragrâncias delicadas, e música clássica, para cada grupo necessitado dos efeitos das melodias de Bach ou de Schubert, conforme perfis psicológicos, emocionais ou moléstias específicas.

– É o tratamento médico do futuro na materialidade terrena, condizente com a realidade maior do indivíduo, que não se enraíza nem se extratifica, como hoje é considerado na medicina alopática, no organismo humano, isoladamente, em si e *per se*.

Ouvindo-o, reflexiva, e enquanto caminhávamos em direção ao quarto em que papai repousava, ousei mais uma vez externar minha curiosidade irrefreável quanto ao paradeiro do noivo e do irmão queridos.

– Bruno... não lhe quero enfadar com minhas perguntas insistentes nesse sentido... mas, qual é a sorte dos nossos entes queridos na iniciativa arriscada? O que será deles no país para o qual se evadiram?

A isso, e para o momento, Bruno se limitou a voltar a sorrir, com simpatia.

– O fio do destino secular continuará a se desenrolar para ambos, na sequência dos acontecimentos, Esther! Todavia, espere e confie em Deus, pois, mesmo a você, a quem coube o desfecho mais dramático na ordem lastimável de ocorrências do momento terreno, não foi reservada a intercessão divina, e aqui está, conosco?

A resposta era exata para acalmar minha ansiedade. Assim, sem querer ser impertinente, apenas assenti, e continuamos nosso caminho para as alas de quartos de repouso da estância.

As respostas, era certo, viriam. Não perderia nada por esperar!

Momentos depois, a porta gentilmente descerrada por nossos tutores, dava passagem para um quarto de aspecto extremamente reconfortante, todo pintado e decorado em tonalidade azul-claro, que se estendia aos cortinados leves, oscilando sob as brisas frescas e velando janelas entreabertas, de onde se evolavam agradavelmente para o interior os perfumes inebriantes das extensões floridas do lado de fora.

No leito, o velhinho, cujo semblante familiar fatigado nos emocionou intensamente, de pronto.

Estava mergulhado em sono profundo; mas, como se a nossa chegada fosse de algum modo pressentida por seu espírito, tão logo nos acercamos do leito descerrou os olhos, focando, com incerteza, sua visão embaciada em quem o rodeava.

– Senhor Borinski... tem visitas importantes! – anunciou Fabrizio, em tom fraternal, afagando-lhe, qual filho afetuoso, a fronte encanecida.

Impossível descrever o sorriso radioso que iluminou o semblante de papai, olhando-nos, a mim, a mamãe e a Ariel como se estivesse vendo uma aparição divina, sem poder acreditar no testemunho dos sentidos.

– Oh... – balbuciou, a voz de começo quebradiça. – Enfim, as encontro! E, por Deus, assim, tão bem! Tão belas... Lágrimas emergiam-lhe, incontidas, dos olhos cansados, presos em nossa presença como subjugados por invencível hipnose. A emoção se apoderou de todas nós. Ariel chorava. E abraçamo-nos!

Em respeito ao momento único, Fabrizio e Bruno recuaram um pouco, respeitosos, dando espaço para que ficássemos à vontade para extravasar devidamente a sobrecarga da grata emoção que nos aliviava, apesar de tudo, como bálsamo indescritível em palavras que o definissem a contento.

Depois de alguns instantes, tão logo a primeira emoção mais forte amainou um pouco, foi papai quem recomeçou o diálogo, como que dominado por necessidade invencível de contar um sem-número de lances e acontecimentos retidos por longo tempo somente nas suas mais difíceis recordações dos últimos tempos.

Pediu nosso auxílio para sentar-se no leito e, ainda, de mãos entrelaçadas com Ariel, que ria e chorava ao mesmo tempo, principiou a falar, embora com certa dificuldade, porque a voz, destreinada pelo longo período de repouso, ainda lhe escapava sofrivelmente da garganta:

– Não podem imaginar todo o esforço despendido nos últimos tempos, para providenciar que Baruch e Nadav, enfim, se pusessem a salvo daquele bando de lobos sanguinários. Oh! que situação, a minha!... – arfava, agoniado tão somente com as lembranças que lhe subiam em turbilhão à mente recém-desperta.

– Eu lhes falava, mas, como num pesadelo malsão, por algum motivo que não posso determinar, não me davam atenção! Mamãe afinal viu-se em condições de interpelá-lo.

– Calma, Borinski! Por Deus! Ainda se recupera. Como desanda a falar sem interrupção dessa forma? Terá tempo para nos contar todas as novidades.

E como, incerto, papai nos endereçasse o olhar intrigado, apesar de feliz, acima de tudo, tão somente por se ver novamente em nossa presença, julguei de bom alvitre reforçar o zelo materno.

– Sim, papai! Deus é bom, e aqui se encontra em nossa companhia depois de todos os sofrimentos por que passamos, cuidado por amigos generosos...

– Mas... que lugar é este, Esther? Eis, de fato, o que ainda não compreendo...

– Está em Recanto das Águas, papai! – Ariel não demorou com o esclarecimento, sem subterfúgios, como é comum na idade infantil, na qual tudo se torna sempre e surpreendentemente mais simples.

– Mas, como? – papai se confundia. E, agora, endereçava os olhos azulíneos para os nossos tutores, parados nas proximidades a assistir a cena do comovente reencontro com passividade amigável. – Como fui trazido para este lugar? Necessito de esclarecimentos! Por favor, senhor! Esclareça--me! – rogou de Fabrizio, que, em sendo assim requisitado, aproximou-se, juntando-se a nós.

– Senhor Borinski, nós o acolhemos em momento no qual não se achava bem de saúde! Despendeu demasiados esforços durante um tempo do qual não imagina a extensão, no intuito de auxiliar seus familiares, e, com isso, descuidou um tanto de seu próprio estado fragilizado! Está, de fato, entre amigos, e noutra situação diversa! O senhor pode esquecer, agora, os sofrimentos deixados para trás, pois, para todos vocês, são findos os episódios difíceis que enfrentaram nos tempos mais recentes!

Ouvindo-o, papai experimentou evidente alívio com as novidades, embora ainda não se situasse bem na realidade de sua situação, o que percebíamos com clareza. Mas, logo em seguida, e ainda preocupado com aspectos da questão que não lhe abandonavam as cogitações mais íntimas, inclinou-se, agradecido, para Fabrizio, com as mãos trêmulas fazendo esforço para erguer-se de forma melhor do leito, indagando:

– Obrigado, senhor! Obrigado! Faço questão de conhecer todos os detalhes de como vim ter nesta casa amiga que, está visto, tão bem tratou também minhas familiares queridas; todavia – confidenciou aos pacientes tutores que o escutavam –, estimaria conhecer o mais breve possível se foram ou não baldados os meus esforços para encaminhar Baruch e Nadav ao encontro daquele amigo inestimável, que resgatou tantos do martírio inominável, encaminhando-os para destinos a salvo dos terrores horríveis do Reich! Lograram, eles, alcançar Nicolai, senhores – e olhava de Bruno para Fabrizio, ansioso, ao que nós também acrescentamos à sua expectativa a nossa interrogação sincera para os nossos interlocutores –, e puderam ser infiltrados no navio mercante, de maneira a se evadirem da Polônia, rumo aos intermediadores dos refugiados, em terras brasileiras?

Fabrizio esboçou ligeiro sorriso, desviando-se para o filho, que, sabia, ele mais que outros, detinha detalhes das peripécias que acompanhou de perto, como tutor voluntário na equipe de Recanto das Águas que durante todo o tempo necessário monitorou os movimentos do senhor Borinski nas dimensões mais densas, adjacentes à crosta material terrena, depois do momento difícil de seu passamento.

CAPÍTULO DEZOITO
A LIÇÃO BEM APRENDIDA

Na época da Segunda Guerra, havia um contexto político e social delicado na região sul do Brasil. Colonizada predominantemente por alemães e italianos, constaram, na ocasião, certas dissensões sociais e políticas que desencadearam inevitável tensão associada a questões relacionadas às etnias dominantes naquela parte do Brasil, já que se usufruía, na região, de privilégios que representavam, nos seus aspectos práticos, quase que a conjuntura de uma nação à parte no que dizia respeito a várias particularidades culturais e linguísticas.

Existiam, sem embargo, indivíduos que compartilhavam, nem que apenas de maneira surda, tácita, sub-reptícia, dos ditames segregatórios do Reich alemão, até o ponto em que Getúlio Vargas decidiu nacionalizar definitivamente o sul e colocar um basta àquele tipo de ameaça séria à integridade da soberania cultural do país.

Todavia, nem todos os colonos europeus e respectivos descendentes, compartilhavam da ideologia insana que grassava pelo Velho Mundo. E *herr* Klaus contava dentre estes, já que o filho, Nicolai, ora distante em seu país de origem, constantemente lhe dava contas de todo o desvario que se alastrava como fogo em vários países do mundo, durante aquele período sombrio, talvez o de maior mostra de bestialidade de toda a história da humanidade!

De resto, durante vários meses, deixando o pai em elevado estado de apreensão, Nicolai dava-lhe notícias de acontecimentos crudelíssimos acontecidos com pessoas próximas, de sua amizade e conhecimento, e lançadas de rompante no torvelinho brutal do pesadelo. Dessa forma, ele começou a indagar de Klaus se não haveria jeito de livrar determinados contatos, indivíduos que lhe eram encaminhados ou eram de seu rol de amizades e conhecimentos, encaminhando-os aos portos brasileiros, lançando mão de determinadas articulações pessoais e subterfúgios que teriam como manobrar com facilidade, envolvidos que estavam com o trabalho mercante que os atendia periodicamente nas atividades de exportação e importação para o sul do país.

Embora temeroso com a proposta do filho, Klaus entendia o móbil da solicitação.

Sentia Nicolai sofrer com a morte brutal de personagens de seu conhecimento, com quem criara laços sólidos de estima no decorrer dos anos – mormente no que se relacionava à jovem com quem mantinha relacionamento afetivo, uma judia, e também ameaçada, com toda a sua família, de morte infamante.

Dessa forma, pois, fora armado o ardil que atenderia, por conseguinte, à necessidade de socorro emergencial também a Nadav e Baruch.

A jovem com quem Nicolai se relacionava era Katja, uma de nossas primas, filha de mãe alemã, que, todavia, tinha na paternidade a origem condenada pelo regime de Hitler. Fora ela, portanto, com seu pai, apartada no mesmo comboio terrífico para o qual foram também encaminhados, naquela tarde hedionda quanto inesquecível, Nadav, meu noivo, e Baruch. E dele retirados oportunamente por manobras bem elaboradas da parte de Nicolai com meu noivo e meu irmão, em escapada noturna rumo a embarcações mercantes em cujas entranhas se evadiam dos países ameaçados pelo terror do Reich vários refugiados judeus ou vítimas potenciais.

Dessas coisas tomamos conhecimento por intermédio de Bruno, em resposta às nossas indagações conjuntas às dúvidas de papai, no período posterior à visita empreendida. De maneira didática, ele forneceu a papai informações suficientes para que ele repousasse durante mais algum tempo, aliviado e convicto de que ao menos o filho e o então genro haviam se desviado a salvo do assassínio horrendo, como era de seus mais inquietantes anseios.

Contudo, os detalhes da empreitada que os colocara apartados das piores ameaças rumo a um país desconhecido foram transmitidos a nós, já de saída da casa de repouso, durante a nossa trajetória de retorno ao lar.

– Dessas particularidades tomarão maiores informações gradativamente, Esther, e na medida em que puderem nos acompanhar nos trabalhos de assistência direta aos seus afeiçoados, já no novo contexto em que se encontram! Inclusive, o conhecimento que vem adquirindo, na recuperação espontânea de suas lembranças durante o processo regressivo, será de muita ajuda no entendimento de outras tantas coisas vitais ao seu bem-estar e esclarecimento! – confidenciou-me o filho de Luciana, despertando-me, com a declaração, imediata quanto aguçada curiosidade.

– O que quer dizer, Bruno?

Paramos de andar, ao defrontar um jardim florido de ampla extensão. Bruno olhava-nos, aparentando mergulhar em reflexões de ordem prática para o meu caso específico.

– Sondarei papai e Nicolas sobre a oportunidade de nos acompanhar em visita instrutiva próxima, a se dar no princípio da próxima semana! E você teria então sua necessidade de esclarecimento bem resolvida, a partir de um contato direto com a realidade atual da situação de Nadav e Baruch! Afinal, já decorreu período suficiente a esse cometimento, que enseja a iniciativa sem nenhum prejuízo à evolução do seu caso!

– A que período se refere? – indaguei, sem entender bem.

– Exatos dezoito meses após o seu retorno para nosso convívio – sorriu-me Bruno, esclarecendo-me de pronto, ao que Ariel, mamãe e eu nos entreolhamos, admiradas.

***

Não houve da parte de nossos tutores imediatos nenhuma oposição aos planos de Bruno, que se prontificou a nos ciceronear durante a excursão instrutiva às esferas próximas à materialidade terrena, embora somente no último momento viesse a saber com certeza do lugar para onde a pequena caravana, constituída dele mesmo, de Fabrizio e de Luciana, me conduziria.

À mamãe foi vetada a empreitada, uma vez que ainda se apresentava fragilizada do ponto de vista de sua recuperação emocional plena, e ainda porque, de própria vontade, lhe aprouve permanecer acompanhando os progressos do restabelecimento de papai, bem como os cuidados a Ariel, que, na sua situação de infante em processo de adaptação particularizada, deveria se manter acolhida em Elysium sob os cuidados de tutores e de parentes.

Assim, durante a nossa ausência, Lucas e Cíntia a acolheram, em companhia de mamãe, em sua bela residência próxima à região de Recanto das Águas.

Mas, no que se referia a mim, houve consenso sobre a utilidade da oportunidade, observados devidamente os meus progressos depois do retorno ao Mundo Maior, embora só fosse compreender com clareza o que me estava reservado ao finalizarmos o nosso trajeto entre dimensões, orientado com maestria por Fabrizio e Luciana.

Para minha surpresa, todavia, não nos dirigimos à região do Brasil à qual pensei, no começo, que nos encaminharíamos.

Em expondo de pronto aos meus tutores a minha estranheza quanto a este pormenor, Bruno me esclareceu:

– Embora Klaus resida no sul, houve por bem acolher os refugiados em outro setor do país, uma vez que há questões graves envolvendo a situação separativista do Reich, cuja ideologia é adotada à sorrelfa por muitos que, descendendo de colonos alemães no Brasil, não receberiam de bom grado indivíduos na situação crítica na qual se acham o seu irmão e o seu noivo! Por tudo isso estamos aqui, no Rio de Janeiro, onde Klaus estendeu seus negócios no cultivo e na comercialização de café, local no qual, diga-se, permanece durante mais da metade de seu tempo, dada as necessidades avultadas na direção e administração da propriedade! É onde vamos encontrá-lo...

Não cabia em mim mesma de surpresa!

Mal me restara tempo para assimilar satisfatoriamente o processo ininteligível pelo qual fora transportada entre dimensões da cidade diamantina de Elysium até as adjacências materiais da Terra, e deparava com uma paisagem que em tudo me recordava o presenciado nas sessões de recuperação de memória, sob a tutela segura de Nicolas. Fazenda ampla, de muitos hectares. Vários empregados e plantações fecundas em clima propício, ameno. Animais em estábulos e no pasto; o aroma impressivo dos perfumes campestres, em região emoldurada por imponentes encostas de escarpas que denotavam se tratar, o lugar, próximo das áreas serranas daquela cidade peculiaríssima!

A surpresa maior, todavia, ainda estava por vir, na medida em que entramos na casa do senhorio. Naquele momento, ele estava entretido em palestra com o filho recém-chegado de difícil viagem marítima. Os dois recém-vindos tinham aspecto exaurido, e ânimo notadamente debilitado.

O abatimento físico de ambos, assentados em poltronas confortáveis do escritório mobiliado com madeira de tonalidade escura, diante de seu anfitrião, era notável, estarrecedor! De braços dados com Luciana, e ladeada por Bruno e seu pai, mal entrei no ambiente discreto em que os homens palestravam em voz baixa, algo me acometeu o estômago, como um baque gélido, que me sustou de abrupto os passos.

– *Nadav! Baruch!*

E, sem poder me conter, corri saleta adentro, enlaçando a ambos com fervor, por entre lágrimas.

Mal me apercebia de que sequer notavam aquele rompante emotivo intenso, para além de ligeira inquietação íntima inexplicável que os acometeu de improviso, como se estivessem dominados por preocupação inopinada e indefinível. Menos ainda, detive-me no assunto sobre o qual discorriam, ambos ouvindo o seu anfitrião trocando impressões iniciais com um rapazinho louro e sardento assentado ao lado dos visitantes, bem como na pessoa do senhorio: um homem na idade madura, mas precocemente encanecido, também claro como o filho, o porte avantajado contrastando o olhar que era uma mistura cálida de melancolia com o brilho insondável dos altos voos do espírito de evolução superior.

Tratava-se de Klaus.

E seria ele, ainda, a grande surpresa que me estaria reservada, tão logo me demorasse atenta na sua pessoa durante um tempo maior, nos momentos seguintes – a princípio intrigada, pois que Luciana, Fabrizio e Bruno compartilhavam entendimento no sentido de deixar aflorar naturalmente à minha sensibilidade emoções que seriam responsáveis pelas descobertas que me aguardavam, de forma a esclarecer todo um universo de nuances que dizia respeito às minhas trajetórias de aprendizado anteriores, tanto na Terra quanto nos céus...

De fato, amainada um tanto a catarse emotiva incontida da qual me vi presa, em recuando um pouco para atentar melhor ao que o grupo dizia, amparada por Luciana, experimentei repentina impressão de conhecer, e bem, de algum lugar de início indefinível, os belos olhos de *herr* Klaus, ainda confabulando compassivamente com o filho sobre as novidades da viagem difícil, sob as atenções contritas dos seus hóspedes e visitantes.

– Luciana... de onde conheço o olhar deste senhor?! Oh, que impressão forte sobre ele está me acometendo, assim, de forma tão inusitada!... – comentei para minha tutora, ainda emocionada, e mais como que especulando para mim mesma, sem perceber que, a isso, ela apenas trocou com o marido e com o filho um olhar profundo de entendimento, sorrindo-lhes de leve.

– ...O mar não favoreceu nossa viagem, papai, pois por duas vezes esteve tempestuoso! Também driblamos satisfatoriamente desconfianças maiores pela forma não muito regular com que ambos entraram no país. Mas, com a graça de Deus, pelo menos os meus amigos aqui estão, sãos e salvos, e Katja, acolhida devidamente por mamãe! – dizia Nicolai para Klaus, que o escutava, pensativo, dirigindo-se então, pela primeira vez, a Nadav e a Baruch em expectativa evidente pelo que viria naquela situação em tudo inédita.

– Ainda bem que estamos livres de equívocos idiomáticos, pois já houve contratempos quanto a isso no que se refere a meus trabalhadores italianos! – sorriu-lhes, em tom de reconforto e no idioma deles. – Mas deverão aprender algo da língua pátria deste país, ou se verão em dificuldades, no futuro, para adaptar-se devidamente... No entanto, quero que descansem por enquanto, e se sintam fortalecidos pelo fato de estarem a salvo em casa amiga, na qual contarão com trabalho e sustento que, penso, lhes assegurarão, de futuro, oportunidades para o seu próprio estabelecimento neste país, que a tantos acolhe e oferece arrimo!

– *Herr* Klaus... – Nadav, os olhos claros e úmidos, enfim, encorajou-se a falar pela primeira vez, experimentando de seu lado, em relação ao anfitrião, singulares sensações que não havia como esclarecer a contento ao seu íntimo. Não naquele momento: – O abalo profundo pela perda de nossos entes queridos não nos isenta de nosso dever de gratidão! Não achamos, ainda, palavras para lhe externar o nosso agradecimento por estar se mobilizando tanto e com tantos riscos a nosso favor, em gesto de puro desprendimento, uma vez que já dávamos como certa a morte cruel e ultrajante!

Não resisti, do lado invisível da vida e, de meu lado, deixei derramar lágrimas abundantes, amargas, acercando-me mais do noivo querido – o meu antigo irmão de vidas anteriores, Aluísio!

Inclinando-me, abracei-o mais uma vez, com fervor.

– Oh, Nadav! E eu que queria reencontrá-lo em algum momento aqui, do outro lado da vida, onde já me encontro! Não mais haveremos de nos rever para aqueles propósitos que projetamos, querido!

Soluçava. Ao lado, meus cuidadores atentavam, zelosos pelo meu estado, e Luciana alegou:

– Esther, procure moderar sua emoção! Há muito que planejar de futuro, minha querida, e outras surpresas a aguardam! Por que não aproveita a oportunidade, de começo, para observar e aprender, a fim de, quem sabe em outro momento oportuno, inspirar, reconfortar e auxiliar, como sei que anseia, os seus entes amados do coração?

Tive de concordar com a alusão lúcida, recuando, para me acalmar e observar, como de fato se pedia.

E mais um intervalo decorreu com aqueles personagens trocando ideias e pareceres ante a nossa contemplação despercebida.

Até que, decorrido algum tempo, no qual mergulhei em estranho estado de espírito enquanto olhava e ouvia a entonação intrigante de voz de Klaus, de rompante um clarão se acendeu em meu íntimo, estonteante, desnorteador!

E oscilando e segurando Luciana com firmeza pelo braço, exclamei, estentórica:

– *Meu Deus!! Benjamim!!!*

Impossível evitar a imediata correlação de situações!

O escravo, em outro tempo espezinhado e barbaramente flagelado, dotado das luzes evolutivas do amadurecimento e das mais elevadas expressões de nobreza da alma, acolhendo, em momento crítico da provação dura, Aluísio, o senhor e verdugo de outrora!

A grandiosidade da surpresa era demais para a minha capacidade de suportação do momento!

Ameacei baquear, e Fabrizio e Bruno de imediato me ampararam na síncope.

Quanto mais nos resta ainda aprender, nos caminhos surpreendentes da eternidade, acerca dos valores supremos do amor e do perdão, da humildade e da expressão máxima da fraternidade entre seres que, nos rastros incessantes do infinito, não passam de atores revezando papéis, e crescendo em sabedoria nos palcos da vida, existentes em todos os recantos inimagináveis do seio generoso da Criação Divina?

CAPÍTULO DEZENOVE
É PRECISO MERECER...

Eu contemplava, em um estado de quase estarrecimento, o meu noivo de havia pouco, Nadav – o Aluísio de outrora! Meu antigo irmão, sem nenhuma margem de dúvidas, experimentava diante de *herr* Klaus um desconforto íntimo que a ele mesmo surgia inexplicável, mesmo que toda a conjuntura apontasse no seu anfitrião o homem de princípios nobres que os valia naquele instante crucial de sua jornada no mundo!

Não era para menos! O antigo filho de senhor de terras, vingativo, parcial no que se relacionou à desforra inclemente aplicada ao homem que, segundo o seu julgamento da época, ousou conspurcar a dignidade da Judite de então, com cujo envolvimento se enredara de corpo e alma, creditando-a, antecipada e definitivamente, como sua noiva – aquele senhor altaneiro e orgulhoso da época do Brasil Colonial agora reconhecia diante de si, mas somente com a visão do espírito, o escravo vilipendiado até o sacrifício, comparecendo no contexto atual de seu destino como a tábua de salvação que o livrara, e a Baruch, justamente da escravidão, e talvez da morte infamante!

Notava-se, com clareza inquestionável, que se via, naquela contingência ímpar, profundamente confundido, e estranhamente humilhado em algo que não conseguiria definir com precisão no seu estado geral de alma.

E eu, do outro lado da vida, impotente, chocada. No que me dizia respeito, experimentava profundo constrangimento de mim mesma, entendendo, agora, que, se a Judite daqueles tempos aplicara contra a minha pessoa, havia pouco tempo, e sem o saber de fato, o quinhão de desforra proporcional à tragédia de monta que eu desencadeara na sua vida naquele passado distante – apartando-a do filhinho adorado e ao mesmo tempo do homem amado e proibido a si, somente pela conjuntura dos preconceitos da época – agora, também, o espírito de meu antigo irmão e noivo recente se via inevitavelmente amesquinhado, perante a atitude do ex-escravo que, se de um lado, no momento, guardava a inconsciência do fio do destino que o unia àqueles homens a partir do passado longínquo, de outro, não mais que agia segundo a sua própria nobreza de índole, enriquecida com as lições reforçadas pelos séculos de sofrimento que atravessara valorosamente até ali!

Recordava, abatida, a caprichosa Nanci que fora, e, afinal, entendia: era preciso, mais do que tudo, mesmo naqueles tempos recuados, *merecer* o escravo que, embora em situação social inferior, era dotado de nobreza de alma já a se evidenciar naqueles acontecimentos, ao dispor-se a enfrentar tudo para assumir a situação entendida como escusa com a então desesperada Judite, a quem amava, de fato!

Não me adiantava querê-lo caprichosamente, como eu, aquela Nanci imatura, inconsciente de outrora, o queria! Invejar o sentimento sincero que devotava proibitivamente à mimada filha dos senhorios de então. Havia de *merecer* o ser humano de perfil superior, que mesmo dentro de papéis sociais que pudessem insinuar o contrário, conduzia-se por princípios de caráter dos quais, na prática, muitos dos que pertenciam à sociedade soberba de colonos europeus nem mesmo se aproximavam!

E eu, de dentro de minhas atitudes crassas, era representante digna daquela mentalidade despótica que tinha etnias de seres humanos à conta de animália inferior, pronta para ser não mais que usada e submetida aos nossos caprichos espúrios!

A meu lado, enquanto nos ausentávamos um pouco do centro principal das ações, daquele gabinete em que Klaus continuava palestrando com o filho e os recém-vindos, Luciana notou-me algo cabisbaixa. E, compreensiva, esperou apenas que lhes confiasse minhas primeiras e acanhadas impressões daquelas revelações espantosas para deitar à minha alma árida de esclarecimentos, gentil como sempre, as primeiras lições.

– Todos esses fatos se dão no seu caminho, senão para verter a benção incomparável da necessária noção de coexistência pacífica entre os filhos de Deus, Esther! A humanidade progride com o decorrer das experiências alternadas na matéria e aqui, no âmbito mais autêntico da vida; e essas

coisas são aprendidas gradativamente, na didática homeo-
pática ministrada com sabedoria pelo Criador a todos os
seres, de maneira a não nos evocar qualquer sentimento de
humilhação! Antes, a realização definitiva do amor pelo
próximo, compreendendo que, embora todas as nossas diferenças, somos iguais perante a bondade divina, e destinados
às mesmas heranças, às mesmas oportunidades e alegrias
nas realizações maiores da existência!

Mas lágrimas grossas desciam-me, incontroláveis, pelo
rosto empalidecido. E o grupo assim formado, de tutores
generosos com a aprendiz desorientada, parou um pouco,
sob o sombreado fresco e perfumado de um carvalho gigan-
tesco, próximo ao perímetro da grande casa senhorial.

– As ideias rodam, sem sentido claro, na minha mente,
Luciana! Fico recordando Judite, e só agora entendo a atitude de *frau* Etzel! Oh! Quão implacável é o destino para as
nossas atitudes impensadas de outrora, impulsionadas pelo
ódio cego que, muitas vezes, não conseguimos controlar!...

Bruno olhou-me, compreensivo como irmão cuidadoso.

– É preciso que entenda, Esther, e logo essa compreensão
lhe será mais clara, somos ligados inevitavelmente aos seres
com quem compartilhamos os acontecimentos diários, não
apenas em razão da afeição agradável que venha a uni-los a
nós por amor recíproco, mas também pelos laços que forja-
mos de maneira impensada, de ódio e de ressentimento! Essa
liga, acredite-me, é ainda mais sólida, e só se desfaz por exercício de vontade firme dos envolvidos nestes liames ingratos,
uma vez que voluntariamente se associaram por sentimentos
inferiores que lhes revertem tão somente a infelicidade que

ninguém quer! Por essa razão de sintonia infalível entre padrões idênticos de energias emocionais é que, mais cedo ou mais tarde, todos são inevitavelmente magnetizados ao encontro aos seus desafetos, geralmente sob o apanágio bondoso da amnésia temporária das reencarnações! É esse esquecimento do passado que permite aos contendores a revisão devida de conceitos e atitudes, que os ajuda a enxergar o outro de um ângulo mais justo, favorecendo-lhes a gradativa harmonização, e um melhor entendimento mútuo!

A lição não poderia ser mais clara, e, silenciosa, somente quedei o rosto num ângulo, meditativa.

De fato, tudo por que passamos na jornada sem fim é na medida justa do nosso merecimento – nem mais, nem menos que isso!

Se atiramos pedras dolorosas ao próximo, não haveremos de esperar que se vejam motivados a nos atirar flores.

Doutra feita, e, em contrapartida, a partir do instante em que nos decidamos a enxergá-los sob a perspectiva mais justa do perdão ou do entendimento, que sempre discerne com imparcialidade as qualidades de todos, começamos, bem aí, a neutralizar e a modificar a nosso favor as energias da infelicidade que só atraem ao nosso encontro o fel, em cadeia recíproca e ininterrupta.

Quantos motivos, pois, enxergarmos no nosso próximo para odiá-lo, tantos motivos haverá nele mesmo para destilar contra nós o veneno ingrato dos baixos sentimentos e atitudes, alimentando a reciprocidade emocional escura, que só pode ser rompida pelos envolvidos nesta liga ingrata, em momento em que, aí sim, criarão asas para tempos e lugares melhores e condignos para os que cultivam um modo de viver pacífico, em acordo com os padrões da luz.

Portanto, se ao antigo Benjamim seria ingrata a convivência, em algum tempo, com Judite, que muito posteriormente se revelou tão cruel e vingativa na pessoa da cuidadora de judeus, a mim, também, reverteria anacrônico e sem proveito privar prematuramente do convívio com o escravo de quem ainda não saberia apreciar as grandes qualidades íntimas de desprendimento, já naquela época!

De fato, observando a grandeza espiritual de Benjamim, o atual Klaus, senti-me indigna dele e de tudo o que a sua atitude atual representava! Luciana e meus amigos recentes me explicaram que sabia, ele, antes de reencarnar, da conjuntura na qual reencontraria os seus algozes de outrora, concordando incondicionalmente com a oportunidade única de auxiliar quem antes tripudiara sobre a sua condição humana. Aceitara a chance de tentar forjar com eles, a partir disso, fortíssimos laços fraternais.

Mas eu, de meu lado, ciente da Nanci anterior, via-me mais exatamente como uma réproba, acolhida generosamente por habitantes de um lugar de luz como Elysium, dos quais, talvez, ainda não merecesse compartilhar do convívio em igualdade de condições.

Externei com sinceridade essas impressões pungentes aos amigos que me rodeavam, para ouvir deles, logo em seguida:

– É precipitada em suas impressões. Todo arrependimento é conquista preciosa no nosso repositório de valores para as realizações do porvir; mas ainda haverá de descobrir por si mesma, na sucessão dos próximos acontecimentos, que, uma vez com esta disposição renovada, muito lhe será dado a conquistar de valioso, e receber das dádivas generosas da vida! – ponderou Fabrizio, com grande segurança na entonação bondosa com a qual se me dirigia.

– A passagem dos dias fará você perceber a veracidade do que lhe digo neste momento! – concluiu a mais, generosamente. – Boas surpresas a aguardam no futuro, se direcionar seus passos, a partir de agora, corajosamente, e com base na esperança e no amor sinceros por todos os que compartilham, e que já compartilharam das suas jornadas anteriores!...

CAPÍTULO VINTE
AS LIÇÕES QUE ATRAÍMOS

Minha mente tornou-se num caldeirão efervescente até que me visse em condições de assimilar minimamente as revelações que, de roldão, avassalavam a passagem do meu tempo desde o meu retorno a Elysium.

Primeiro, a devida noção de que, no capítulo da nossa continuidade pura e simples, fronteiras e limitações subjetivas e objetivas necessariamente se diluem.

De fato, minha última nacionalidade não apagou o rastro de meu passado gerado em terras anteriores, como na Itália e no próprio Brasil.

É compreensível que, principalmente para quem se acha condicionado pelas limitações severas de entendimento mais amplo, naturais no período de vida na materialidade, torna-se difícil resolver a contento questões que se referem à separação severa, e aparentemente definitiva, imposta por idiomas e culturas.

Todavia, queridos, é preciso que se reformulem conceitos, no sentido de se alcançar a visão mais acertada de que, após cada minuto rápido gasto no aprendizado das vidas físicas sucessivas, retornamos imperativamente à nossa condição primeva de cidadãos universais.

Sem embargos, somos compelidos a compreender, mais cedo ou mais tarde, na recuperação de nossas reminiscências mais afastadas, que na esteira do infinito já articulamos incontáveis idiomas, alguns dos quais, inclusive, já extintos; que já habitamos diversificados corpos e climas; que compartilhamos e ajudamos a compor um amálgama cultural de tal monta, que, para além das prisões da carne, torna-se inevitavelmente indissociável da constituição de nossa essência mais íntima.

De posse desses informes, e no resgate de um cabedal de informações intrinsecamente sedimentadas na constituição profunda de nossos seres, terminamos por enxergar, com inquestionável clareza, que no contexto mais autêntico da vida maior, a cujo panorama todos nós estamos destinados, inexistem fronteiras definitivas, identidades cristalizadas ou idiomas exclusivos.

O que herdamos, pois, é uma multiplicidade de vivências, de convivências e de experiências, que nos conferem infinito cabedal de conhecimentos, em complexo jogo de ações seguidas de incessantes lições e reações: de nós para a vida, da vida em resposta a nós mesmos, na proporção exata das nossas necessidades e anseios.

Assim, uma vez assimilada (embora de início de dentro de certa precariedade compreensível, devido à minha condição de recém-chegada aos enredos mais vastos e reais da existência) essa verdade definitiva, dentro da transitoriedade constante das coisas, que fazia da judia recente a Nanci que fora filha de colonos anterior, vivendo em terras brasileiras e, mais anteriormente ainda, a germânica e a romana dos idos da antiguidade italiana – quando, afinal, enxerguei sem maior relutância este meu reflexo vasto, rico, inegável, no espelho das heranças eternas com que nos brinda o Pai, mergulhei em fase de intenso silêncio.

Mesmo meus aparentados da vida material recente respeitaram, intuitivos, sem interferências ou maiores questionamentos, a duração desse período. E pude, enfim, principiar a me deter com mais demora na importância do contexto que se apresentou à minha apreciação na visita recente empreendida à esfera material, sob a guarda de meus gentis tutores.

Nadav, o antigo e altaneiro Aluísio, sem saber, via-se diante de Klaus – o Benjamim flagelado dos séculos anteriores, sob o juízo implacável de seus senhores, que não admitiram, despoticamente, o atrevimento do envolvimento espúrio entre o escravo e a filha de um senhor de terras, que, e para o cúmulo do agravamento da situação crítica, ainda desaguaria no resultado da gravidez malfadada da então desesperada Judite!

Que surpresas seriam reservadas a esse que me fora então noivo na vivência corpórea recente, na atual conjuntura?

Quais as lições que, era certo, Nadav haveria de colher daquela situação estranha, aparentemente delineada pelo traçado de um destino elaborado de maneira inteligente por algum projetista divino, visando, para os seus principais personagens, algum tipo de colheita proveitosa ao enriquecimento íntimo de cada um deles – de cada um de nós?

Sozinha, durante aquela tarde refrescada por ventos leves, passeando nos perímetros perfumados dos campos da moradia de meus amáveis anfitriões na cidade do invisível, ponderava profundamente acerca dessas coisas, tentando conciliar em meu íntimo o encadeamento dos acontecimentos mais recentes, segundo o entendimento da existência ao qual fora condicionada, havia pouco, pelas noções judaicas do Torah, dos quais custava-me reformular devidamente conceitos arraigados.

Não conseguia ainda, e de fato, abandonar em mim mesma a impressão de que me via presa, já havia largo intervalo, de sonho intenso, profundo, atordoador!

Tentava recapturar, a qualquer custo, alguma noção que fosse, transmitida pelos rabinos e autoridades religiosas de minha vida carnal mais recente, no sentido de me apontar aquela exuberância de vida, rica de detalhes tão familiares, e não mais que melhorados, após a própria vida!

Porque, estava visto, a definição tradicional dos sete céus não correspondia ao que vivenciava agora! Em hora nenhuma as mansões do Pai foram povoadas, no nosso imaginário ou nos documentos sagrados de meu conhecimento, com os personagens e detalhes que, agora, fora dos livros religiosos, me compareciam, inquestionáveis, às experiências factuais mais imediatas.

Como, pois, negar a realidade? Algo que estava visto, faltara nas elucidações religiosas! Algo que – descobriria gradativamente, com clareza ímpar! – de maneira generalizada falta na quase totalidade dos pensamentos religiosos institucionalizados do mundo, no decorrer de todas as eras! É a revelação do que existe por debaixo do véu de Ísis! O véu que resguarda dos ímpetos profanos e imperfeitos da humanidade reencarnada um universo de vida muito mais rico e mais aperfeiçoado, em seus princípios e leis regentes, que nos caberá sempre descobrir e redescobrir, enquanto prevalecer, na nossa trajetória comum, a necessidade imperiosa dos renascimentos em mundos de limitações rudes de percepção, qual o da face material terrena!

Luciana, que empreendia passeio agradável com Ariel, foi quem me abordou nos meus devaneios distanciados, trazendo minha irmãzinha pela mão.

A menina se via corada, feliz, e, para minha estranheza, algo crescida, de forma demasiada, mesmo para o tempo que decorrera desde o nosso retorno.

Lendo o que me ia às impressões mais íntimas, nossa cuidadora de Recanto das Águas logo compareceu com o esclarecimento:

– Aqui, Esther, em condições de vida mais aperfeiçoadas, Ariel haverá de vencer rapidamente as etapas faltantes, até que possa recobrar integralmente sua plenitude espiritual. A criança, lembra-se do que lhe explicamos, requisita cuidados especializados, que vêm sendo administrados a ela, nesse sentido, de forma apropriada!

Devolvi-lhes o sorriso, algo apaziguada. Assentamo-nos na relva fresca e perfumada, e Luciana prosseguiu, notando a minha disposição de espírito, enfim, mais adequada ao assunto que pretendia abordar, enquanto eu recebia das mãos de Ariel algumas florzinhas que trouxera de seu passeio.

Beijei-a, ouvindo Luciana, que indagou interessada:

– Vimos notando que anda dispersiva, desde o dia em que lhe foi permitido visitar Nadav, na atual fase que atravessa no Brasil! Fabrizio comentou de seu desânimo em relação à jardinagem, e também que esmoreceu na disposição anterior de comparecer à entrevista que lhe conferiria a oportunidade de começar uma atividade grata, nos projetos botânicos da cidade! Algo a perturba, Esther? – finalizou, querendo saber, amistosa.

Encolhi os ombros, até certo ponto desconcertada por reconhecer a veracidade de seus apontamentos.

Não queria jamais comparecer ante meus benfeitores com ingratidão em minhas atitudes, depois de tudo com que vinha sendo beneficiada por todos com quem privara, desde o nosso retorno.

– Oh, Luciana... de você não posso esconder o que me aflige...

– Fale!... – ela devolveu, ainda com o belo sorriso no rosto, afagando afavelmente os longos e ruivos cabelos da curiosa Ariel.

– Fabrizio e Bruno me colocaram a par da possibilidade de meu retorno às visitas a Nadav e Baruch, caso para isso me mostrasse disposta – embora diante de minha estranheza, Luciana, ao comentarem da chance certa de que eu de algum modo os auxiliasse no período difícil e cheio de temores que ainda enfrentam. Argumentei que me confesso despreparada para ajudá-los de alguma forma! E... de que modo o faria? – gesticulei, com desamparo. – Apesar de me confessar contente com o fato de que não tenham perecido de forma infamante, qual nos ocorreu, a mim, a mamãe e Ariel, e papai, julgo que agora ambos se veem definitivamente entregues à sorte de suas iniciativas mais ou menos acertadas, ante as circunstâncias imprevistas nas quais se encontram!

Ariel, ouvindo a conversa, na sua espontaneidade costumeira, e para minha surpresa, foi quem apôs o primeiro comentário com os olhos cristalinos e fartos de cílios brilhando muito sob a luz diamantina do sol da tarde:

– Oh, Esther! Estamos tão bem, aqui! Por que você não poderia ajudá-los, se está tão bem?! – indagou. E era mesmo sincera e intrigada no seu comentário, claro e imediato ao que ouviu.

Emocionada, não soube o que responder durante um momento. E apus a mão em seu rostinho, carinhosamente, enquanto dirigia o olhar à Luciana, em busca de inspiração e esclarecimento.

Ela ainda se ria, agora, encantada com o que ouviu de Ariel.

– São verdadeiramente divinas as impressões nascidas de uma alma pura como a de Ariel, Esther! E, quer saber de uma coisa? Ela respondeu! Ela tem razão! Por que gerar ansiedade sobre isso, se tudo vai indo, para você, de forma tão satisfatória? Quem, portanto, tem mais condições de auxiliar, mesmo que de modo despercebido pelos auxiliados, via inspiração, talvez... – insinuou – aos que se encontram em situação mais fragilizada?

E como eu as encarasse, agora, presa a grandes dúvidas, com os pensamentos desencontrados, sem que conseguisse externá-los, Luciana estendeu a mão, segurando-me, qual mãe ou irmã, confiante do que me afiançava:

– Esther: espere, apenas! Dedique-se à sua nova vida, e espere a passagem das horas e os acontecimentos dos dias! Garanto: tudo muda. Nenhum dia é igual a outro! Quando novamente retornar em visita a Nadav e seu irmão, algumas coisas já terão se modificado, e serão os fatos novos que nos darão diretrizes de ação renovadas! Tudo fluirá com mais naturalidade do que você supõe, e saberemos quais atitudes tomar, porque bem conhecemos que auxiliá-los, que levar a senhora Angelika a visitar o filho em situação de bem-aventurança após todo o caos e flagelo atravessados, é o seu maior desejo íntimo!

E, como que ainda adivinhando os meus argumentos, que não ousava expor, repletos de dúvidas e de hesitações, continuou:

– Lembra do ensinamento sábio: Deus não confere a carga maior do que a nossa capacidade de suportação! Tudo o que Nadav e Baruch vivenciarem doravante, minha querida, será na medida exata às suas necessidades, visando à plenitude de sua felicidade futura!...

– Jesus... – sorri para Luciana, com brandura e mais conformada.

– Jesus! – ela me confirmou, carinhosa. E atraiu para mais perto de si a sorridente Ariel.

CAPÍTULO VINTE E UM
KATJA

Elysium é uma cidade das dimensões invisíveis à materialidade que nos comparece qual cenário encantado, em tonalidades magníficas, iridescentes, de entremeio às luzes peroladas das esferas etéreas adjacentes ao mundo material terreno.

Veem-se montanhas ensolaradas, colinas ondulantes de um verde-brilhante de difícil concepção segundo os parâmetros da vida na matéria; riachos, cascatas, vales floridos e mares azuis-turquesa.

Lembraria ao visitante desprevenido a chegada a alguma estância europeia de veraneio, florida, profusamente arborizada, e povoada com esmero por habitantes especializados em um tipo de arquitetura campestre, típica de alguns países da materialidade em que predomina o gosto estético por chalés e construções ao estilo clássico da antiguidade.

Decorrido algum tempo dos últimos acontecimentos, papai já se recobrara fisicamente por inteiro, principiando a saborear, em nossa companhia, a profusão de novidades sem fim do lugar em que doravante habitaríamos.

Assim, parques, ruas, edificações, departamentos, edifícios destinados a uma variegada gama de atividades que atendiam as necessidades específicas dos residentes da cidade espiritual situada sobre a região terrena da Campânia italiana foram objeto de grande assombro e incessantes questionamentos de sua parte, assim como aconteceu a mamãe, a mim e à Ariel, no começo de tudo.

Sem embargo, interessavam-lhe explicações detalhadas acerca daquele aspecto grandioso da existência que lhe parecera ignoto ou algo distorcido ao entendimento durante o seu último estágio na vida física.

Necessitava, ele, entender com clareza os infinitos porquês de tantas interpretações, em concomitância com raças e etnias, para o que no fim constituía algo relativamente simples, como nos surgia a continuidade singela, destituída de maiores mistérios, acontecendo para cada ser em correspondência exata às suas necessidades e condicionamentos íntimos, emocionais e psicológicos.

Assim que os nossos tutores da cidade nos explicavam, incansáveis, apondo novos esclarecimentos mais amplos de forma gradativa, a respeito do modo como os grandes arquitetos cósmicos responsáveis pela edificação da infinitude de paragens à semelhança de Elysium, espalhadas nas extensões insondáveis do universo, procediam, em acordo com o contexto de percurso de cada grande agrupamento espiritual, ao mesmo tempo em que atentos às idiossincrasias preciosas presentes em cada ser e coisa únicos da Criação.

Por qual razão alguém como ele, de família judaica honrada na última etapa material, retornava nas condições singularíssimas que nos acometera em conjunto, no arremate da etapa finda – com características de sofrimento atroz a nos dilacerar a sensibilidade, vindo ter, para nossa grande surpresa, em cidade das dimensões espirituais não exatamente correspondente à localização terrestre de seu último país de origem? Como, após uma vida laboriosa com a família numerosa, coesa e harmoniosa, um comerciante bem--sucedido de especiarias deixa a vida naquela conjuntura caótica, confusa, inexplicável?

Chocou, de começo, a papai, (como nos aconteceu igualmente, conhecer, em dada altura dos trabalhos regressivos conjuntos que o auxiliaram no resgate gradativo de algumas reminiscências importantes sobre a sua trajetória multimilenar) que o povo vilipendiado de modo terrífico no momento presente fora justamente a raça beligerante do passado longínquo de determinadas regiões bálticas e germânicas, que atraíram ao seu destino a contingência dolorosa em correspondência exata para com a flagelação de almas infamante, que outrora infligiram a povos pertencentes a múltiplas tribos contra as quais combateram, desencadeando verdadeiras tragédias coletivas – bem como também aos romanos, contra os quais guerrearam implacavelmente, em tempos muito posteriores.

E, agora, curiosamente, era bem a cidade etérea situada sobre belíssima região montanhesa italiana que nos acolhia generosamente, após séculos de aprendizado renovado nas variadas oportunidades oferecidas pelas reencarnações sucessivas. Pois nelas, já retornáramos também nas paisagens generosas daquele país antigo. Justo, então, que experimentássemos, no cadinho das vivências evolutivas, o componente necessário do que é ser romano, para a devida decantação de aprendizado útil na corrigenda de nossos erros de outrora.

Lágrimas ardentes escorreram pelo rosto castigado de papai durante as reuniões terapêuticas de teor difícil, mas necessário para atender aquela mesma sede de esclarecimento que o seu íntimo suscitava, cobrando-o insistentemente de nossos amáveis anfitriões.

Difícil ao judeu cioso da longa história orgulhosa de sua raça adotar, forçosamente, o conceito renovador, porém, mais exato, de que para além das fronteiras das vivências físicas – e em dando com a verdade maior de nossa amplitude consciencial, que nos situou e ainda situa numa continuidade incomensurável de vivências e de aprendizado infindo – dilui-se, em processo irrevogável, a nossa identidade, como até então a concebíamos temporariamente na matéria, a cada reencarnação: atrelada a rótulos, nomes, posições sociais e profissões, nacionalidades, etnias e idiomas vários, bem como a arraigados hábitos e crenças culturais.

Para além da matéria transitória, e desse palco limitadíssimo de aprendizado em termos temporais, compreendemos, em caráter obrigatório, a necessidade de nos desfazermos das fronteiras existenciais autoimpostas em virtude de momentos fugidios, que tanto contribuem para guerras, conflitos, e para que nos distanciemos de nossos semelhantes, perdendo-nos da devida noção do que seja um ser humano. O *ser humano* – a *humanidade*, dotada do dom da vida em igualdade de condições, e destinada com equanimidade pelo Pai à herança eterna da perenidade! Tanto algozes momentâneos, quanto eventuais vítimas, em situação transitória de desorientação das causas maiores de suas mazelas. Não importa!

Com o tempo, o senhor Borinski, meu pai, passou a ficar dia a dia mais maravilhado com as redescobertas que aconteciam sucessivamente no seu processo de redespertamento consciencial, diante dos fatos presenciados na esplendorosa estância do espaço, assim como também mamãe, eu e Ariel gradativamente também nos maravilhávamos com tantas outras coisas.

Um dia, retornava com Luciana de uma sessão regressiva especial. Nela, recordara de fatos que me remeteram a descobertas que me levaram às mais intensas lágrimas, embora de pura alegria.

Reconhecera em Luciana (como, aliás, já suspeitara em meu íntimo com o decorrer do tempo, dada nossa empatia e afinidade inequívoca, crescentes) antiquíssima conhecida, afeiçoada de múltiplas etapas e caminhos trilhados na vida Maior ou em situação de reencarnadas, ora como irmãs, ora como amigas, ora em situação de cumplicidade nesta ou naquela ocasião em que uma valeu a outra em horas felizes ou críticas de dificuldades desoladoras!

Descobrira em Luciana a irmã de espírito! A alma afim da minha, em estreito vínculo de afetividade genuína!

Agora, faziam-se mais claras as grandes razões de ser justamente ela, dentre todos os demais que foram me presenteando com as suas aparições oportunas desde o meu retorno – irmãos antigos, primos, avós de outras vidas, mães ou pais de outrora – a que naturalmente se posicionou, com seu marido e familiares, a me recepcionar do modo amoroso e profundamente acalentador que apenas uma alma-irmã me ofertaria!

E redespertei a memória para outros nomes de antes: meus, dela, e daqueles entes queridos que me rodeavam! Rejubilei-me, recordando rostos, dramas e enredos; e me recordando a viver, naquela mesma Roma milenar cuja região da Campânia correspondia geograficamente ao posicionamento etéreo da cidade espiritual, como *Tarsila!*

Mas não me foi dado tempo bastante para que me embaraçasse tanto quanto seria natural em casos como o que vivia, em me vendo na necessidade de distanciar inúmeros nomes e personalidades já vividas do meu ser real – ali, *eu*, *agora*, como Esther, mas, de fato, o que isso me importava àquela altura?!

Nomes! Eu me ria para mim mesma, sem mais tempo para ponderar, porque Luciana me anunciou outra novidade, após acrescer a boa notícia de que já poderia me dedicar oficialmente a alguma atividade produtiva na cidade, no aprendizado das equipes socorristas a reencarnados, como pretendia atuar com ela e seus familiares em Recanto das Águas.

Voltei-me, ainda risonha, mal contendo o meu entusiasmo enquanto ganhávamos o interior acolhedor de sua morada, em expectativa. E ela logo atendeu minha óbvia curiosidade:

– Poderá voltar em breve em visita a Nadav e Baruch; de resto, levando também o senhor Borinski e a senhora Angelika, finalmente aptos a uma visita não muito demorada ao filho, nas adjacências astrais terrenas. Você apenas comparecerá ao cenário, que já conhece da jornada anterior, Esther, em posição diferente: a de aprendiz socorrista!

E, ante a minha perplexidade indisfarçável, acrescentou:

– Ou nos enganamos ao julgar, com nosso instrutor-chefe Marcílio, que o melhor aprendizado como socorrista para você não poderia se iniciar de modo melhor que não com os entes queridos, deixados na materialidade?

Luciana sorria, radiante. E eu, qual criança eufórica e travessa, sem poder conter o meu impulso ante a amiga querida de tantos séculos, enfim, recém-redescoberta, lancei-me em seu pescoço, feliz, entusiasmada.

– Oh, Luciana! Deus é bom! Deus é Pai, e infinitamente compassivo e justo, minha irmã! Minha querida Luciana!

– Esther, Esther... – E ela agora apenas me distanciava, segurando-me também, sorridente, compartilhando a minha felicidade, embora de forma lúcida e amadurecida: – Muitas surpresas ainda a aguardam, Esther! Espere e me dirá depois se não tinha razão em preveni-la.

Olhando-a, ocorreu-me momentaneamente que talvez ela antevisse coisas certas a se darem nos dias posteriores, de maneira a colher-me de improviso de forma bastante pessoal.

Não poderia jamais antecipar que, dentre as surpresas felizes que de fato viriam, algumas não seriam, num primeiro momento, tão jubilosas assim.

***

Só fui compreender com clareza o tanto que me ocorrera com acerto esta última impressão quando chegou o dia aprazado para a excursão conjunta, em visita a Nadav e Baruch, atualmente acolhidos em serviço útil na residência senhorial de *herr* Klaus, numa das regiões mais densamente povoadas do Brasil.

Não fosse a presença segura de almas amigas e irmãs como Luciana, Fabrizio e Bruno, bem como a assistente Clarissa, que seguia em apoio à minha mãe e a papai, e talvez eu baquearia em esmorecimento deplorável ao deparar com as novidades sombrias que se insinuavam nos cenários em que o meu antigo noivo e meu irmão ora estavam.

A trama girava em torno do cotidiano das pessoas residentes na fazenda produtora, dentre outros itens destinados ao comércio interno e externo do país, do café.

Conhecia demais Nadav para não perceber de pronto as nuances espúrias que se lhe denunciavam com clareza no olhar e nos sentimentos, ao vê-lo, logo quando da nossa chegada, em palestra passageira com Nicolai, o filho do senhorio que se decidira por permanecer em trabalho útil na fazenda paterna, da qual participavam Elza, a esposa de Klaus, Baruch... e também Katja... minha prima na etapa física recente e noiva do seu jovem benfeitor – a quem Nadav, agora, contemplava sem poder disfarçar suficientemente, para um observador mais arguto, as suas emoções e interesses mais resguardados.

Emoções estas – constatei, fundamente transtornada interiormente – visivelmente correspondidas nas disposições ocultas da bela jovem de tez rósea e pálida, e de olhos melancólicos e amendoados.

Com o grupo prestimoso de amigos, cheguei a recuar um passo, aturdida, pálida e presa de avassaladora desolação íntima.

Segurei firmemente o braço de Luciana, que enlaçava; porém ela, aparentemente, se via avisada dos efeitos que me tomavam de assalto diante da conjuntura insólita – bem como das particularidades do que acontecia atualmente com os personagens que eram o alvo principal de nossa visita e cuidados.

Felizmente, sem prestar mais atenção aos pormenores de minhas reações, mamãe e papai se entretinham em cercar Baruch e Nadav, enlaçando-os enternecidamente, sem conseguirem evitar as lágrimas de saudades e de intensa comoção a lhes escorrer, incontidas, dos olhos.

Não sabia se mais me doía o esquecimento rápido do noivo a quem, afinal, não soubera nem pudera dedicar mais do que um afeto confraterno, ou a conjuntura que se descortinava, flagrante, do homem que outrora encaminhara à morte justamente o seu senhorio de agora, em razão de suposta traição em relacionamento escuso deste com sua então pretendida, se ver constrangido, pela força do destino, a vivenciar fato idêntico! Experimentando sentimento intenso quanto ao que percebia irresistível pela noiva justamente do filho do homem que noutra vida flagelara por esse modo bárbaro, arbitrário, à conta de punição que lhe justiçasse a honra ultrajada, em tempos em que os escravos compareciam diante dos senhores, que detinham sobre eles direitos de vida ou de morte!

Não podendo, de momento, frear a comoção íntima, desandei em choro convulso, tomado de começo pelos queridos circunstantes por conta da emoção natural pelo reencontro com os nossos afeiçoados.

Bruno e Fabrizio, respeitosos, a princípio deitaram-me apenas afagos paternais, deixando as palavras certas de reconforto a encargo de Luciana. Clarissa amparava papai e mamãe na emoção forte que ainda e também experimentavam, abraçando o então absorto Baruch, entre beijos e lágrimas de grande saudade.

– Esther, querida... tudo guarda um propósito maior! Observe apenas, para entender, e posteriormente poder auxiliar, porque lhe garanto: Nadav precisará do seu apoio e inspiração em experiências breves do seu porvir.

– Oh, Luciana! – eu soluçava, incontidamente, meneando a cabeça apenas: – Desculpe-me! É que... eu não esperava... eu não... Não sei! Não sei ainda o que pensar, o que fazer. Não sei se *posso*! – exclamei, desatinada.

– Vamos observar, se quiser, e se estiver disposta... – ela insistiu, compreensiva... – poderemos voltar sempre, em momento em que você se sinta mais fortalecida.

CAPÍTULO VINTE E DOIS
ECOS NA ETERNIDADE

Mas eu ainda não me sentia pronta.

Assim, naquele dia inesquecível, após a constatação desnorteadora que me arrancara inesperadamente dos trilhos e do equilíbrio íntimo que julgara já ter conquistado depois dos lances difíceis vividos na transição, e sob a orientação sempre sábia e segura dos meus tutores diretos, decidi me preparar durante mais algum tempo para a difícil prova que certamente viria, cobrando-me elevada dose de desprendimento e de abnegação.

Optei por me dedicar com fervor, pelo período que fosse necessário, aos ofícios de jardinagem com Fabrizio, nos canteiros esplendorosos de sua morada e em setores vários de Elysium, em que exercia esse ofício, introduzindo-me, generoso, como aprendiz (imenso regalo para o meu espírito afeito a esta atividade, desde os tempos de reencarnada), bem como ao aprendizado socorrista com os servidores gentis de Recanto das Águas.

Necessitada de alento fui encaminhada, pela incansável Luciana, com a sempre entusiástica Ariel, a eventos e lazeres diversificados da cidade. Tomáramos contato, extasiadas, durante um período prazeroso e feliz, com o que havia de mais excelso em Elysium em matéria de apresentações artísticas, musicais e teatrais.

Sim, pois na Vida Maior esses regalos ao espírito se nos apresentam muito mais aprimorados, por meio de recursos pessoais e técnicos ainda sem comparativos no meio material!

De entremeio a essas coisas e ao convívio acalentador com os meus familiares da última etapa, algumas surpresas agradáveis vinham reforçar o meu restabelecimento emocional, quando acontecia de reencontrar, de surpresa, parentes meus falecidos na matéria já de há tempos, e de quem não obtivera mais notícias, mesmo estando no ambiente do Mundo Maior para onde, certamente, haviam se encaminhado.

Assim, acontecia de avós e tios, bem como de familiares de vidas anteriores, me colherem de improviso com visitas patrocinadas por Fabrizio, Luciana, Bruno ou mesmo Lucas; ou em encontros ocasionais, nas atividades múltiplas da cidade, para grande júbilo, meu e de meus pais e irmã.

E, a partir deste alimento fecundo para a alma, proveniente de mais de uma fonte, no intervalo em que assim me distanciava, voluntariamente, dos cenários da materialidade, onde em breve, e por vontade própria, retornaria, irresistivelmente atraída pela linguagem imperiosa do amor, pude, aos poucos, elaborar melhor raciocínios, compreender sentimentos, concatenar ideias e planos.

Acomodada, por vezes, nos relvados frescos e perfumados dos derredores da bucólica residência montanhesa do casal amigo, inspirando com prazer os aromas silvestres das extensões floridas, verdes e ensolaradas, recordava-me de *herr* Klaus, experimentando melancólica nostalgia, e comparando-o com a época em que o conhecera, humilde e diminuído perante a voz do orgulho e da prepotência senhorial do Brasil Colonial – no entanto, já refletindo a autenticidade da nobreza íntima do homem reencarnado atual, que, já naqueles tempos em que eu fora a Nanci caprichosa e inconsequente, existia no escravo vilipendiado!

E compreendia, com mais clareza: a lição valiosa da vida era inconfundível!

Quanta arrogância existe no ser humano pequeno e apegado às transitoriedades das condições sociais, quando a passagem inexorável do tempo se encarrega de modificar, de desalojar e de situar, para proveito de todos, os mesmos personagens de histórias distantes em condições renovadas, diferentes, mas que refletem, infalíveis, os ecos do passado em situação de reajuste de dramas anteriores mal vividos, mal aproveitados por muitos!

Lá estava, pois, Nadav: o Aluísio, meu noivo recente e irmão de outrora! Derribado compulsoriamente da situação familiar e social confortável da qual privava em nossa companhia, se apresentava ante a vítima de outros tempos – ele, agora, estava em condição subserviente, e em situação de dependência da boa vontade dessa mesma vítima, para obter o arrimo, o sustento, e a oportunidade de trabalho e da mais comezinha oportunidade de manutenção da sua dignidade!

Evidenciava-se, para a visão interior de almas mais experimentadas como a de Luciana – como depois ela mesma me confirmou – o estranho desconforto íntimo que ambos experimentaram instantaneamente, de um para com o outro, tão logo se viram pela primeira vez naquele escritório de entrevistas da propriedade do alemão generoso em residência permanente no Brasil, devido a circunstâncias ligadas aos difíceis episódios da época dos colonizadores de outrora.

Nadav, olhando *herr* Klaus, sentiu viva sensação de reconhecê-lo de algum outro lugar, indefinível, pois que nunca de fato o vira anteriormente, na atual experiência na matéria. E *herr* Klaus, de seu lado, olhava Nadav se questionando de onde se originava em si aquele ligeiro mal-estar, ao contemplar o homem jovem e algo pálido e franzino, embora portador de uma personalidade sem dúvida enérgica e determinada, bem como a impressão idêntica de reconhecê-lo de alguma ocasião improvável.

No decorrer da entrevista, contudo, e compelidos pela urgência da ocasião peculiaríssima, desviaram-se, ambos, dessas sensações, a pulso do falatório excitado de Nicolai, em expectativa pelas circunstâncias de acomodação e adaptação dos recém-vindos.

Não imaginaria, aquele rapaz generoso, mas ingênuo, que justamente a terceira resgatada, Katja, a sua pretendida, viria a ser o estopim involuntário da situação singular que colocaria à prova não somente Nadav, o altivo Aluísio do passado, como também o ainda e sempre amadurecido, do ponto de vista espiritual, *herr* Klaus, seu pai.

Não suspeitaria Nicolai que seu pai encontraria ocasião de verter, sem a real consciência mais imediata, a lição suprema da compreensão para com o desconhecido imprevidente, em situação que reproduziria, em muitos aspectos, outra idêntica, de séculos antes, na qual, por sua vez, obtivera, do seu atual inquilino, apenas fel, cólera e atitudes de intolerância despótica que desaguaram no golpe final e fatal de desafronta!

Decorrido algum tempo, portanto, eu já conseguia olhar para o cenário presente com algum distanciamento, que me permitia considerar novamente os planos deixados de lado para a realização em tempo mais propício.

Conseguia, sob o auxílio precioso dos conselhos da orientadora amiga, enxergar *herr* Klaus não mais com o sentimento da mágoa preterida do passado, mas como o novo homem que era, em situação em tudo diversa do que fora anteriormente.

Via, também, Nadav sob a perspectiva mais acertada do antigo irmão, que se me apresentara na etapa material finda como noivo apenas circunstancialmente, dado o sentimento meramente confraterno que nutrira a seu respeito.

Compreendia, com mais exatidão, o mosaico exato configurado pela existência para um aprendizado comum e fecundo, que nos serviria para todo o nosso porvir na eternidade!

Dias difíceis viriam para Nicolai, Nadav, Katja e Klaus. E me interessava, com autêntica sinceridade, acompanhar de perto esses estimados personagens, a fim de auxiliá-los.

Experimentava a necessidade, também no que a mim dizia respeito, de agir assim, para redimir um tanto da minha participação infeliz no drama trágico do longínquo tempo vivido em terras brasileiras.

Buscava enxergar Katja com olhos diferentes daqueles com que, naquelas épocas, medira a então Judite.

Não queria, destarte, presenciar em Katja uma versão renovada do sofrimento pungente da antiga pretendida de Benjamim, para o qual contribuí ativamente, e cuja colheita atingiu-me com dureza implacável nos desdobramentos da etapa recente, nos quais a cuidadora alemã irascível, déspota, vingativa, reconheceu na judia humilhada, via percepção espiritual, a grande carrasca do passado, que a atirou, sem piedade, à indigência e à desonra, conspurcando-lhe, para arremate, até mesmo o direito sagrado à realização do seu amor de mãe!

CAPÍTULO VINTE E TRÊS
A INFLUÊNCIA DO INVISÍVEL

Uma senhora chorava copiosamente em uma das alas da Casa assistencial de Elysium. Era conduzida carinhosamente por Luciana e Clarissa a determinada saleta, destinada a trabalhos de cura no âmbito emocional.

– Ah, Leonel, Leonel! Você não podia... – soluçava. – Como pôde agir assim, com exemplos a dar aos próprios filhos?

Amargurava-se. Luciana me confiara aquela história sofrida em particular, já que me via em treinamento para trabalhar com ela, Fabrizio e outros exatamente naquele setor, no qual os acolhidos em Elysium com características severas de resistência aos procedimentos de adaptação no período posterior à transição requisitavam tratamento diferenciado e mais intenso, envolvendo os recursos eficientes da musicoterapia associados aos passes fluídicos e, também, às aplicações cromoterapêuticas nos chacras.

Luciana deixou a senhora inconsolável aos cuidados de Clarissa e de mais duas assistentes especializadas nos procedimentos, uma vez que acompanhava os meus próprios progressos, e, gentilmente, comentou, enquanto entrelaçávamos nossos braços em atitude confraterna para deixar a casa ao encontro de Fabrizio e Bruno, que nos aguardavam no gracioso *hall* de entrada do edifício.

– É difícil o capítulo de convivência com os vícios de todas as procedências na esfera material terrena. O jogo, efetivamente, não arruinou somente as reservas de saúde desta irmã, que desencarnou tendo agravado o seu quadro de saúde baqueado, mais do que se esperaria, pelo perfil emocional debilitado. Toda a família de Verbena está sofrendo com os desmandos praticados pelo seu cônjuge, desbaratando as economias familiares com o vício para além de todos os restos de lucidez que lhe seriam desejáveis a fim de reverter o quadro lamentável...

Observei Luciana, reparando no modo sincero com que lastimava o caso em curso. Ela possuía, de fato, aquele dom, de assimilar em si a dor alheia, mas no sentido construtivo, sem tomá-la para si de maneira prejudicial aos seus rumos particulares de auxílio a reencarnados e recém-chegados à bela cidade do espaço.

Refletindo ao que me foi passado havia pouco, devolvi o comentário, antes que atingíssemos a área fronteiriça da Casa de Assistência:

– Sabe, Luciana? Já está mais fácil para eu me identificar melhor. Quero dizer: saber quem sou: eu mesma, para além da Esther, da Tarsila, e de tantas outras personalidades vividas nas reencarnações passadas! No começo, quando retornamos, tudo é mais difícil.

Luciana fixou-me, visivelmente feliz, o olhar brilhoso, e, como sempre, dotado das mais belas luzes de otimismo e de satisfação, a cada progresso que notava no processo do meu restabelecimento.

– Esther, é isso mesmo! Pense: afinal quantos já fomos? E não me refiro apenas às jornadas corpóreas sucessivas, com os seus intervalos no mundo maior! Se tomarmos em conta o período de apenas uma vida na matéria, somos indivíduos diferentes a cada fase, e, no entanto, ainda e sempre, prosseguimos com o nosso centro de identidade bem definido! Imagine, apenas de maneira hipotética, se tivéssemos um nome para cada fase no corpo material: um nome para a infância, outro para a fase da juventude, para a maturidade, e, afinal, para o período da senectude! – sorria, juvenil, amistosa: – Até mesmo do ponto de vista das aparências, seríamos seres bem diferentes uns dos outros, não é mesmo? E, no entanto, prosseguimos nos identificando com quem somos e que reconhecemos bem: a *consciência*, o *ser*, em avanço e permanência contínuos, por meio das diferentes experiências! É bem assim!

– O tempo não passa; *nós* é que passamos, e, mesmo assim, continuamos sendo alguém! Sempre! – concordei, de bom humor.

– Com a graça de Deus!...

Mais à frente, avistamos Fabrizio, amável e bem-disposto como de costume. E o jovial Bruno, que mal me recebeu, anunciou, em tom agradável, mas estranho:

– Esther! Que bom vê-la assim, reanimada, renovada, porque recentemente reencontrei um amigo fiel que muito lhe devota afeição, mas de quem não vai se recordar assim, de pronto! Na hora oportuna, haverá de revê-lo, e será uma bela surpresa!

A notícia pegou-me absolutamente desprevenida, e, no primeiro momento, reagi apenas com um olhar perdido.

– Oh! Mas... não pode ao menos mencionar o nome dele, Bruno? – sorri, agradavelmente surpreendida, sentindo que uma voz íntima me segredava algo de bom que se prenunciava, de fato, no que ele me dizia.

– Não! – o rapaz bonachão respondeu taxativo, trocando com o pai um olhar que me desconcertou ainda mais, deixando-me encabulada e sem que pudesse atinar com a razão. Aliás, notei também que Luciana compartilhava daquelas novidades alvissareiras, escondendo-as de mim, de forma premeditada.

– Perdoe-me, Esther, mas é que, agindo assim, atendo, inclusive, a um pedido pessoal dele! Não se arrependerá por esperar com paciência, isso lhe asseguro!

– Até porque... – avisou Fabrizio, oportunamente, em tom consciencioso: – tarefas importantes, que também lhe interessam, e de maior prioridade para a hora que passa, nos aguardam, ainda no dia de hoje.

Compreendendo de imediato a utilidade do aviso lúcido, consenti, sem insistir mais, guardando dentro de mim mesma a curiosa expectativa, aguçada pelas palavras que Bruno me dirigira.

De fato, os próximos acontecimentos se revestiam de importância singular para o avanço de meus planos e projetos na nova vida.

***

Retornamos ao palco material, em que os personagens de meu conhecimento, sob os nossos cuidados, prosseguiam nas suas atividades e desafios contínuos na arena terrena.

Mamãe e papai, de seu lado, continuaram em Elysium sob o amparo das iniciativas de cuidadores e técnicos como Clarissa e Nicolas, nas atividades regressivas.

Quanto a Ariel, já com ares de adolescente vivaz, ganhava com celeridade a conquista plena dos atributos de sua integridade espiritual, para que se decidisse a respeito da melhor forma de prosseguir, sob a orientação de seus tutores, nas múltiplas atividades da cidade, que mais lhe atraíssem, facultando a que participasse mais ativamente da continuidade da vida após a transição.

Fomos, pois, alcançar a fazenda de *herr* Klaus sob o aguaceiro de um dia chuvoso, em decorrência do que as atividades no cultivo dos campos e das plantações se revertiam quase proibitivas, compelindo os diversos trabalhadores e moradores da residência campestre a se dedicar a outros afazeres, mais reclusos.

Nos interiores do casarão, todavia, encontramos Baruch e Nadav ocupados em organizar papéis administrativos que Klaus lhes confiara aos cuidados, e discutir reservadamente sobre algum assunto sério que lhes absorvia por completo as atenções. Achavam-se num escritório do senhorio, todo decorado, e mobiliado com móveis de tons escuros.

Nadav não conseguia se concentrar no que fazia. E Baruch, sentado em um estofado do outro lado da mesa, observava-o, preocupado, até que, não resistindo, avisou, com um gesto de preocupação:

– Olha lá, Nadav! Que Nicolai nos confiou esta tarefa em caráter de promoção de confiança com o pai! São papéis importantes, estes, para que se ponha a lidar com eles da forma dispersiva que daqui observo! Acabará arranjando encrenca para nós dois, não é de hoje que o advirto disso!

– Pare com esse sermão... – foi a resposta brusca e imediata de Nadav, para minha surpresa, assistindo a cena do lado oculto da vida na matéria.

Alarmada, troquei um olhar com Luciana.

Nadav me parecia, de fato, dispersivo e casmurro, e me espantei com a resposta pouco amistosa que dirigiu ao meu irmão, e que refletia uma rispidez íntima qualquer que antes não compunha o pano de fundo do seu temperamento.

Mas Baruch, este sempre de índole forte e voluntariosa, atacou de pronto, sem se intimidar, parando o que fazia.

– Não paro, não, Nadav! O que está acontecendo ultimamente? Mas... *rá*! Bem o adivinho! – Arriscou uma zombaria: – O caso é que com essas ameaças de desvario que observo em você, está colocando a prêmio não apenas a sua, mas também a minha cabeça! Esquece rápido demais que aqui estamos, com a benção do serviço e do teto, graças ao favor e à amizade impagável de Nicolai Levinski, Nadav! – E, debruçando-se na mesa, fixando-lhe um olhar sombrio e buscando atenuar o tom da voz, afirmou temeroso: – De *Nicolai*! – frisou, impaciente, quase nervoso. – O *noivo* de Katja!! Entende?

A isso, parando também, e levantando-se num impulso, Nadav se pôs a andar de um lado para outro do escritório.

– Por Deus, Baruch, aonde quer chegar com esta sua arenga? – questionou no nosso velho idioma. – Como quer que eu trabalhe com acerto, se o tempo todo me azucrina com essa falação?!

Baruch levantou e disse:

– Nadav, por Deus, *digo eu*! Acorde. Sou o *único*, entende? O único mais próximo a você nas horas de dificuldades, agora, e por mais que Nicolai seja nosso amigo! Por que não se abre comigo de uma vez por todas sobre o que bem sabe que vem acontecendo, para que troquemos ideias, e, quem sabe, eu consiga tirá-lo a tempo desse arrebatamento malsão, que o acabará prejudicando!

– Ninguém acessa os meus pensamentos, Baruch! – voltou Nadav, desassossegado, afinal não resistindo ao assédio, acossado pelo falatório insistente do ex-cunhado.

– Nadav! Entendo que tudo pelo que passamos, aliado à falta dolorida que deve ainda acometê-lo pela perda de Esther, esteja colocando tudo a perder, sem que você perceba com esse sentimento despropositado pela noiva de Nicolai! Mas, não alimente isso no seu espírito, meu irmão! – Baruch tomou fôlego, impaciente. E prosseguiu, com ênfase: – Estimo-o! Mas somos refugiados de guerra, e não pode se esquecer disso nem por um segundo, nem de que, bem ou mal, *herr* Klaus é descendente de colonos alemães neste país! Uma coisa dessas pode acabar mal, muito mal! – Baruch afinal falou com mais clareza, o timbre da voz soando alto, para além do que pretendia: – E não se trata apenas de alguém acessar seus pensamentos, se bem já aposte que um ou dois desta casa já vêm percebendo o que se passa com você! O caso é que a moça, e isso resta claro, vem alimentando, tendo ou não consciência, toda essa loucura! Bem se vê: não estima o pobre Nicolai como deveria, e talvez que se tenha dado a esse envolvimento somente por gratidão ou por medo, a fim de ganhar a liberdade, a fuga da morte certa em Auschwitz!

– Você vê? – Luciana comentou para mim, neste ponto, ante a minha reação estática, destituída de iniciativas. – Observa como tudo muda, querida! E de que forma o destino nos defronta com situações de modo a colocar à prova os nossos conceitos e atitudes do passado?

– Sim, mas... – ponderei, perdida. – Como se aviará Nadav para lidar com essas circunstâncias? Deus!

– Como Luciana disse, Esther... – respondeu-me Fabrizio, atencioso, ladeando a esposa que o fitava, enternecida. – Os fatos são atraídos por nós mesmos ao nosso destino, na medida em que escolhemos os nossos padrões de reações às situações da vida! Caberá a Nadav decidir com acerto, baseando-se no que lhe inspiram as reminiscências diluídas em seu subconsciente! Se for intuitivo, naturalmente rejeitará a conjuntura outrora condenada na conduta do seu hoje anfitrião e benfeitor, por questões óbvias de pundonor! Mas a experiência costuma nos confirmar que os nossos impulsos nos compelem a atuar em concomitância com o que necessitamos mais em termos de aprendizado! É difícil vencer os ímpetos do coração quando avultam de intensidade, colhendo-nos de improviso, sobretudo em se tratando de sentimentos claramente correspondidos!

– O tempo vai nos dar as respostas... – acrescentou Bruno.

– E, de toda forma, estaremos presentes para auxiliá-los em nome da afetividade que nos vincula, a todos, em vivências anteriores! Até porque... – notei que de inopino algo indefinido atraiu-lhe a atenção, levando-me a percorrer o olhar algo ansioso no ambiente em torno, em vão. – Alcançamos o palco dos desafios de nossos tutelados em hora crítica... Já volto...

E deixou o ambiente do escritório, dividindo com Fabrizio outro olhar significativo, e lançando-me, com essa atitude, em uma onda de ansiedade e receio.

– O que ele quis dizer com isso, Luciana? Deus!

Mas Luciana apenas atraiu novamente a minha atenção para o que tínhamos sob observação direta no recinto em que Baruch e Nadav prosseguiam no debate e na troca delicada de impressões.

– Logo saberemos, Esther. Mas, nos detenhamos por enquanto em seu irmão; quem sabe não podemos influir de algum modo benéfico no direcionamento dos pensamentos do seu ex-noivo, a fim de que decida com bom-senso os rumos de seus próximos dias? Nada está preso, necessariamente, a fatalidades, querida!

Sentindo-me um tanto perdida nas iniciativas, olhei meus estimados da última etapa terrena.

Vi Baruch tão contrariado que já temia um enfrentamento mais grave entre eles, que pudesse complicar ainda mais suas situações, na conjuntura bem-vinda que os valeu como refugiados de favor. E, não resistindo, e sem sentir de fato que o fazia, aproximei-me de Nadav com os olhos úmidos de emotividade.

– Oh, Nadav, Nadav... se você pudesse perceber que

me acho tão próxima a você... Como me esqueceu rápido, Nadav! Ou será que quer, por outra, afogar-se neste impulso mal medido apenas para esquecer a desdita fatal que nos separou?

Reparei que, coincidentemente ou não, ele interrompeu-se de pronto, tão logo o toquei daquele modo sutil, dirigindo-lhe meus pensamentos de inquietude.

Deteve-se, compelido por uma força irresistível, embora indefinível ao seu íntimo convulsionado, para ouvir, contrariado, a invectiva final de Baruch, tingida com as cores fortes que quis de caso pensado para talvez levá-lo a acordar.

– Persista, Nadav! Persista nesta insânia, que, na hora do revés final, juro-lhe, vou deixá-lo entregue à própria sorte, e não vou tomar o seu partido! Não vou me valer mais uma vez da generosidade dos Levinski para livrá-lo das consequências desastrosas da sua própria imprevidência! Está avisado!

E voltou aos papéis deixados em confusão sobre a mesa de madeira escura em que trabalhava, carrancudo, rubro e ofegante de indignação, enquanto Nadav, em idêntico estado deplorável nas suas emoções, agora apenas calava, confundido, sem iniciativas.

Nesse ponto, Bruno retornava para a nossa companhia. E logo compreendi que as coisas brevemente se complicariam.

CAPÍTULO VINTE E QUATRO
O DILEMA DE NICOLAI

– *Amigos, Nicolai ouviu. Está completamente transtornado!* – anunciou-nos Bruno, pregando-me pronto sobressalto. – Nicolai ouviu tudo quando ia chegando ao escritório; ou, pelo menos, boa parte da contenda! Infelizmente! Pressenti ligeiro rumor próximo e quis me certificar de que Nadav e Baruch não estavam sendo vítimas de indiscrições. Mas o tom alto de suas vozes extrapolou para além da porta entreaberta, bem no instante em que Nicolai se aproximava! Devemos procurá-lo a fim de verificar no que poderemos ser úteis nesta hora difícil para os protagonistas deste caso!

Luciana, para amenizar um tanto o sobressalto bem visível na palidez de minha fisionomia, após uma observação amena:

– Tranquilize-se, Esther. Seu irmão, Baruch, sempre possuiu um ascendente forte sobre a alma ardente de Nadav, do qual talvez ele mesmo não tenha se dado conta, e menos ainda suspeitado sobre as causas que estão situadas num passado do qual você já se recordou em boa parte!

– A que se refere? – indaguei, emocionada, palpitante, enquanto deixávamos momentaneamente os dois homens jovens entregues de volta aos seus deveres.

Jamais faria ideia do que ouviria em seguida da amiga sempre oportuna nas suas elucidações.

– Não reconhece Baruch de nenhuma época ou lugar, Esther? – ela me sorriu, sugestiva. – Pense naquele tempo da Nanci de outrora, e reflita em quem detinha o maior poder de persuasão sobre os arrebatamentos, muitas vezes, insensatos do visionário Aluísio de outrora...

Notei que não apenas ela, mas também seu marido e o filho me mediam com certa expectativa, enquanto caminhávamos pelos corredores extensos da morada, mergulhada nas sombras intensas da pouca luminosidade do dia chuvoso.

Lá fora, ribombavam os relâmpagos e trovões do temporal devastador, cujo término, horas mais tarde, revelaria estragos certos no plantio do generoso fazendeiro. E foi sob o clarão de um deles que, subitamente estanquei meus passos, atônita. Quase desnorteada!

O tom de voz de Baruch, agora algo mais amadurecido do que na época em que o vi pela última vez, pouco antes da morte infamante! O brilho de seu olhar aquilino!

Agora, do âmbito da outra vida, eu dispunha de elementos para recordar com acerto, dos quais jamais teria como lançar mão enquanto ainda reencarnada.

– *Meu pai! Domício!* – exclamei, quase abismada, segurando Luciana com firmeza por um braço, mas a amiga sempre serena respondeu-me ao susto, num primeiro momento, apenas com um comentário breve:

– Percebe? Nadav, o antigo Aluísio, estará bem assessorado, Esther! E, creia-me: em nenhum momento Baruch sairá de perto do filho do passado, não obstante o seu justo rancor do momento!

Prosseguimos, e eu silenciei por dilatado instante, mergulhada em pensamentos e especulações eletrizadas.

Fomos encontrar Nicolai, depois de breve excursão pelos movimentos intensos da residência, confinado no seu quarto de dormir.

Andava, desatinado, de um ao outro ângulo do cômodo amplo e confortável, o cortinado lufando impetuosamente sob o soprar brusco dos ventos da tempestade, investindo do lado de fora.

De fato, a tormenta se desencadeava com todo o furor, tanto em seu íntimo, quanto no aguaceiro ruidoso, desabando aos magotes nas cercanias.

Nicolai especulava sobre levar ou não ao pai o seu dilema. Atormentado, consumia-se. Fora criado tendo o pai como exemplo ímpar e como o seu mais autêntico e fiel amigo, para todos os momentos. Nunca, quase, até ali, o excluíra de seus assuntos, de maior ou menor importância.

Mas como expor ao pai sempre magnânimo o seu tormento, quando o ódio, para início, lhe refervia, consumindo-o impiedosamente por dentro? Os amigos dos quais jamais tivera razões para duvidar da lealdade! Nadav, mais especificamente! Não, não poderia incluir Baruch na infâmia da sua ânsia de desforra! Ouvira o

suficiente! Ele recriminara acremente o desvario do outro! Do *amigo*... ao que compreendera, assediando-lhe
quem já tinha como sua noiva! Mas... Katja! "Por Deus!",
ele ponderava, atordoado, perdido, esmurrando sua escri-
vaninha. Não poderia ignorar a outra parte do que ouvira!
Ao que entendera, Katja lhe correspondia! E, segundo as
impressões de Baruch, mantinha com ele o compromisso
somente por questão de salva-guarda, de gratidão!
De piedade, talvez!

E ele, Nicolai, era orgulhoso demais para admitir qualquer envolvimento com Katja sustentado por ela com base
somente em gratidão e piedade! De fato, que consistência
teria, depois, uma tal conjuntura matrimonial, firmada sobre estas bases?

Amava Katja! E... *julgava-se amado!*

Mas... A infame! Traidora!...

Nicolai jogou-se momentaneamente no seu leito, segurando entre as mãos a fronte escaldante.

– *Deus!* – deprecava. – Como resolver isso?

Pois, a despeito da fúria quase ensandecida que o devasta-
va, ainda e sempre, bem o percebíamos do âmbito mais vasto
da vida, sob as brasas rescaldantes, o que prevalecia na essência daquela têmpera convulsionada era uma alma cristia-
nizada, generosa! Relutante entre abandonar-se aos ímpetos
desgovernados da cólera, aplicando a vindita implacável ou
conter-se, aconselhar-se, a fim de ponderar destino mais justo ao caso, no que se referia, no fim das contas, a refugiados
da guerra cruenta no Velho Mundo, completamente depen-
dentes do auxílio e da boa vontade de sua família!

E, de outra sorte, caberia, de fato, culpa a Katja e a Nadav por terem espontaneamente se voltado um para o outro?!

Tais impulsos são passíveis de ser controlados, no que se refere ao que eventualmente nos dita a voz imprevisível do coração?

Observávamos, preocupados, o embate difícil na alma do homem jovem, quedo, abatido em seu leito, com lágrimas grossas rolando-lhe dos grandes olhos azuis pelo rosto alvo.

Fabrizio aproximou-se devagar, acercando-se, e apondo-lhe uma das mãos à fronte escaldante, como pai zeloso. Parecia murmurar-lhe alguma coisa ininteligível.

E Nicolai, de um ímpeto, ergueu-se, saindo de rompante do quarto à procura do pai.

***

Sem que ninguém percebesse, presenciando o impasse inaudito, também eu me mortificava.

Fora a Nanci dos séculos findos! E, de dentro do meu ódio cego, em delatando o envolvimento entre Judite e Benjamim, sem que o pudesse prever acabei sendo a responsável por toda a derrocada no destino do então escravo. Da mesma forma, pela desdita desencadeada no destino de meu próprio irmão, Aluísio – hoje Nadav – bem como pelos desdobramentos dos fatos, na nossa vida do porvir, e de maneira sequer jamais imaginada!

Pois, por conseguinte, também agora Nicolai se abatia sob o flagelo daqueles momentos críticos, cuja nascente residia num drama obscuro do passado do qual me reconhecia, talvez, como a principal e malsinada protagonista. Sim! Não conseguia me livrar da sensação de culpa! Não me restavam dúvidas de que o Nicolai de hoje colhia os frutos de um dilema que o Aluísio de outrora semeara, nutrira e desenvolvera em seu íntimo sob a minha infeliz influência, em épocas que deixaram as suas marcas indeléveis na colheita do presente!

Com uma agravante... que, ainda desta feita, me chegaria ao conhecimento pela instrução sempre oportuna dos meus tutores, e que me compeliria a, mais ainda, sentir-me na obrigação inadiável de sanar os resultados lastimáveis do meu malfeito de épocas anteriores!

CAPÍTULO VINTE E CINCO
BENJAMIM E SEU FILHO

Transtornado, Nicolai prosseguia no seu relato a Klaus a respeito da sua pungente descoberta.

Traía-lhe, a pretendida noiva, a jovem que ele arrancara dos perigos nefastos do terceiro Reich, para acolher e proteger no país hospitaleiro distante, que a tantos abrigava em situações semelhantes!

Ao que tudo indicava, e do que escutara da discussão travada em surdina no escritório do pai, deixava-se ela arrastar por novos sentimentos, experimentados por Nadav! O jovem que, surpreendentemente, atraiçoava-lhe a amizade generosa, assim tão cedo, assediando-lhe a pessoa que era o alvo maior de seus sentimentos e projetos matrimoniais!

De minha parte, e assessorada por Luciana, enquanto Fabrizio e o filho se demoravam nos cuidados simultâneos a Nicolai, a Klaus e aos meus familiares, fui em busca do estopim inocente de toda a comoção que principiava a se desencadear no ambiente austero da morada de *herr* Klaus, de conjunto com a tormenta ainda a ribombar lá fora, aos clarões impressionantes.

Ela se achava com Elza, entretida com atividades domésticas. A esposa de Klaus, senhora branca e altiva, generosa, a se expressar sempre em gestos largos e calorosos, explicava minúcias cotidianas à hóspede, que já admitia na intimidade do lar a conta de membro da família, pelo interesse indisfarçável de seu filho.

E Katja, de seu lado, denunciava-se feliz, reconfortada, mas se fazia visível em seu olhar, ao observador mais arguto, a nuance velada de uma angústia profunda qualquer, diluída no sorriso com que buscava acompanhar o falatório entusiasmado de sua senhoria.

– Compreendo, Katja, que ainda está desalentada. É natural na sua situação, assim aparteada de todos os seus familiares, a quem perdeu da maneira mais hedionda, e tendo como parente mais próximo somente Baruch! Mas saiba que Deus não nos deserda! E Nicolai já tem Baruch à conta de irmão. E, vendo o interesse de meu filho por você, o que prezo, quero que saiba: se encontra na nossa residência não apenas como refugiada ou serviçal, mas como a pretendida de meu filho, que será acolhida, também, como filha!

Com pena, eu e Luciana observávamos as reações visíveis de Katja àquelas palavras.

Se o seu semblante traduzia gratidão, a nós, do outro lado da vida, onde as nuances autênticas dos sentimentos não podem ser disfarçadas, se confirmava óbvio que as palavras bondosas de Elza mais provocavam na jovem opressão do que o alívio pretendido.

Não resistindo, e compelida meio a meio pelo sentimento afetuoso pela antiga parenta, e pelo impulso de auxílio numa situação de cuja nascente no passado eu talvez fora a principal responsável, acerquei-me de Katja, abraçando-a e sussurrando-lhe, ainda que desesperançada de me fazer ouvir:

– Oh, Katja, querida... não se deixe levar pela perfídia insidiosa das paixões de momento, que, muitas vezes, arrastam-nos a perder toda uma vida de bem-aventuranças em um único minuto de atos mal medidos! Estava envolvida com Nicolai, que é moço bom e dotado de coração nobre, minha prima! Nadav, desde sempre, mostrou-se um tanto inconsequente, impulsivo! Não se deixe arrastar pela irreflexão! Meça bem seus sentimentos e veja para onde eles a estão levando!

Luciana, ao meu lado, enlaçou-me, sorrindo. Percebi que aprovava minhas iniciativas. Notei que Katja, àquela minha intercessão, deu mostras de mergulhar em reflexões íntimas que lhe provocavam certo alheamento, enquanto andava pela casa ao lado da senhora risonha e maternal que prosseguia no seu relatório intimista.

– Não julgue o seu esforço destituído de valor, querida... – instruiu-me Luciana, lendo minha alma. – Os resultados sempre vêm, tanto mais quanto for sensível a alma à qual nos dirigimos! Aliás, neste sentido, aposto mais em Katja do que em Nadav! Esperemos, e vamos ao encontro dos outros.

Não compreendi de pronto a assertiva. Tinha comigo o contrário: que, talvez, fosse mais fácil acessar o íntimo de

Nadav pelos laços consanguíneos antigos e pelo noivado recente de há pouco do que o de Katja, afinal uma aparentada não tão próxima.

Mais tarde reconheceria que no capítulo da emotividade os polos femininos articulam linguagens afins. A Nanci preterida de antes, no seu orgulho caprichoso, possuiria, de fato, recursos e argumentos mais exatos para tocar a fibra sensível de Katja e advertir a jovem imprevidente, que se arriscava a ferir a índole nobre de Nicolai com perfídia e traição, em razão de um impulso mal medido.

Retornando à saleta onde pai e filho se entendiam, reparamos que Fabrizio e Bruno ladeavam Nicolai.

O ambiente da sala quedara momentaneamente em silêncio, enquanto Klaus refletia, ensimesmado, e Nicolai, rubro, arfante ao fim de seu discurso inflamado, tinha a cabeça entre as mãos, os cotovelos fincados nos joelhos, sentado diante do pai em atitude derrotista.

Fabrizio e Bruno levantaram o olhar amistoso para nós. O primeiro nos fez um gesto para que nos aproximássemos, e, tão logo os alcançamos, dirigiu a Luciana um comentário que me colheu com nova surpresa.

– Esther já entrou na ciência de quem, afinal, se trata o nosso abatido Nicolai?

E, ante a negativa de minha tutora, eu, por minha vez, não pude conter minha oportuna curiosidade.

– Pois se assim toca nesse assunto, Fabrizio, por favor, não me suprima as informações que julgar úteis para o momento! Que nova surpresa me aguarda nesta história?!

Amável, Fabrizio me concitou a observar melhor pai e filho.

– Naturalmente, em não tendo acompanhado, na época, a continuidade dos destinos do antigo Benjamim e dos participantes de seu drama, Esther, não lhe seria dado acessar esses informes, senão no prosseguimento oportuno dos trabalhos regressivos, embora estes não se façam mais prioritários, uma vez que já se vê adaptada a Elysium! – E, olhando com afetividade para os dois homens assentados um diante do outro, prosseguiu, em atitude pensativa, com as mãos cruzadas atrás das costas: – Todavia, circunstancialmente, é de proveito a você que adiantemos certas revelações, pois lhe serão úteis para compreender com mais acerto que, nos problemas em pauta envolvendo personagens com vínculo espiritual e familiar antigo, não é por acaso que acontecem estas ou aquelas proximidades e laços consanguíneos!

– Mas... a que se refere, Fabrizio? – indaguei, interessada.

– Não teria como reconhecê-lo, pelo que lhe expliquei agora, Esther; mas, não suspeita de quem seja Nicolai? Ele também participou daquele seu passado importante, aqui mesmo, em terras brasileiras! E foi dado ao antigo Benjamim, muito naturalmente, suprir o saldo aspérrimo de sofrimento anterior, por merecimento justo e com base nos elos longínquos de afetividade, atraindo novamente ao próprio destino o filhinho do qual injustamente fora apartado outrora!

Cheguei a recuar um passo, empalidecida, e outro baque gelou-me o estômago.

Era um sem fim de revelações a enriquecer, de momento para momento, o meu aprendizado, de forma inesperada, inimaginável, maravilhosa!

A intuição avantajada não me negou favor nas conclusões. Nicolai! *O filhinho de Judite e Benjamim*! Entregue à indigência pela minha intercessão odiosa no episódio do envolvimento de seu pai com Judite da vida passada, e, agora, novamente recebido, adequadamente, em nova experiência corpórea mais feliz, mais bem-sucedida, no mesmo e sábio regaço paterno!

E ali nos achávamos todos, novamente reunidos após tanto tempo, embora em situação peculiar: alguns, em situação de reencarne, vestindo novas personalidades; e justamente eu, a malfeitora daquela época distante, incógnita, despercebida, não por acaso levada pelas circunstâncias a deparar com velhos conhecidos de outras épocas.

Bem a propósito para a iniciativa, que, felizmente, já entendia como de meu dever, qual a de tentar influenciar beneficamente, exatamente naquele contexto similar aos mal vividos anteriormente, vários personagens caros ao meu coração, a contar de séculos, redimindo erros e reajustando conceitos!

Juntamo-nos, assim, a Fabrizio e Bruno, e de início respondi à expectativa de meus estimados tutores somente com um silêncio inequívoco.

Cônscia, todavia, do que me caberia mobilizar dali para diante, bem justificando o que me prenunciara Luciana ao avisar-me de que, agora, retornava ao recinto sagrado daquele lar na qualidade de aprendiz da equipe de socorristas de Elysium, na qual, já soubera por vias regressivas, atuara em tempos findos, na bela e grandiosa cidade do espaço.

***

Havíamos nos aproximado de Klaus e de Nicolai, este, agora, mergulhado em lágrimas de angústia e de dúvidas atrozes, ouvindo o começo das ponderações paternas.

– O que eu faço, pai?! Como, por Deus, haveremos de agir nestas circunstâncias? – ele divagava, atarantado, perdido, torcendo as mãos em aflição franca. – Como poderei abordar tal assunto melindroso com Nadav, sem chegar com ele às vias de fato e ao rompimento definitivo, que, talvez, nos obrigaria a devolvê-los, bem como a Baruch, às contingências da própria sorte, a mesma que os encaminhou há pouco à nossa proteção e convívio?!

– Mas, pense, Nicolai. Baruch... – ponderou Klaus, reflexivo, nada embora grave, tamborilando os dedos na mesa de mogno escuro, atrás da qual se acomodava – não merece pagar pela irreflexão do amigo, já que, como você mesmo me contou, não aprova as suas atitudes! Disse que o escutou recriminando acremente a atitude impulsiva de Nadav!

– Sim, pai! Mas... como tolerar tal ultraje?! Estendemos nosso auxílio a Nadav!

Klaus suspirou, concatenando ideias com tranquilidade, na intenção, bem compreendíamos, de instilar no fogo incandescente, que eram as entranhas de Nicolai, algum freio ao descontrole emocional que o todo de suas palavras e gestos prenunciava.

– É preciso que se considere com vagar esta questão, Nicolai! Não desdenho dos seus sentimentos! Mas é que, mais vivido, enxergo nuances importantes desta situação que lhe escapam, de dentro do ardor das suas decepções e amarguras do momento!

– A que se refere? – questionou o filho.

– Refiro-me à própria Katja! Porque, confrontando Nadav, vai expô-la, inapelavelmente, à vergonha e a profundo constrangimento, diante de você e de nossa família! Ela guarda, esteja certo, toda a noção da delicadeza da situação na qual se encontra, com toda a família perdida para o reich, e acolhida de favor pelo seu interesse amoroso, e vínculos de amizade sustentados entre você, Baruch e Nadav! – E, medindo o filho, embora já conhecendo de antemão do que era constituída aquela têmpera ardorosa, mas justa, continuou: – Julga mesmo, com o sentimento supremo que lhe nutre, bem o sei, que arranjaria coragem para atirá-la a destino incerto por essa forma, ademais em país estrangeiro, e sem um único conhecimento que a valesse a não ser o primo, aqui conosco em situação idêntica ainda que sob o pretexto da vindita, da desforra contra o ultraje à sua honra? Baruch fatalmente se voltará contra você, em defesa da aparentada, e toda a conjuntura se reverterá insustentavelmente!

Emocionada, eu escutava a palestra íntima, ao lado de meus amigos estimados de Elysium – mais uma vez sentindo-me inevitavelmente amesquinhada, porque, ainda que defrontando inimigos espirituais de um passado esquecido, a respeito de um dos quais não podia esconder de si mesmo experimentar desagradável incômodo íntimo, Klaus não conseguia, ainda ali, agir diferente do que lhe ditava a índole sempre digna, reta, ponderada.

Diante de nossa expectativa do lado imponderável da vida, Klaus se inclinou afetuosamente para o filho, por de--trás de mesa. Fixou-lhe o olhar, persuasivo, atraindo, com essa atitude, a atenção do rapaz mergulhado em profundo estado de desacerto íntimo.

– Escute, meu filho: aja com prudência! A despeito do que ouviu, procure, por ora, apenas observar! Talvez Nadav seja susceptível à influenciação do amigo! Quanto a Katja, precisa reconhecer que, a despeito do que ouviu, você não a flagrou em nenhuma atitude indigna, e assim pode ser que ela reconsidere interiormente os acontecimentos, ponderando melhor, e reajustando sentimentos e iniciativas! Sua pretendida é, ainda, muito jovem, Nicolai, mal saída da infância! E, pelo que pude observar com sua mãe até agora, apesar do que agora lhe possa aparentar, dedica a você uma afeição sincera! Assim, não a condene de antemão! Sei que para a sua angústia é difícil. Mas, ainda assim, dê-lhe tempo para medir atitudes, e espere com paciência o desenrolar natural dos fatos! – E, como o filho o escutasse sem iniciativas, aparentemente tolhido em pensamentos e palavras diante do aconselhamento do pai, este concluiu, lucidamente e com sensatez: – Ademais, há de considerar que se tudo acontecesse de acordo com seus piores temores, não haveria como qualquer um, eu ou você mesmo, contrariar os impulsos do coração alheio, ainda que mal sopesados! Na pior das possibilidades, consideremos a hipótese de reencaminhar Nadav e a jovem a algum dos comerciantes de nosso rol de amizades e conhecimentos, para evitar a atitude não cristã de atirar refugiados desta guerra cruenta a destino incerto e em país estranho, por mais que suas mágoas o concitem a agir assim...

Lágrimas escorriam, agora, pelo rosto de Nicolai – mas não apenas no dele.

Luciana abraçou-me, ao perceber que, sem poder com a emoção suprema do remorso assenhoreando-me o ser, escondi, em dado momento, o rosto nas mãos, deixando extravasar as lágrimas de arrependimento e de vergonha de mim mesma, lavando-me a alma das agruras de um passado que um dia desejaria esquecer.

CAPÍTULO VINTE E SEIS
REDIMINDO UM PASSADO

– *Katja... bem posso ver que ama Nicolai! Saiba diferenciar o amor puro de um mero impulso ou entusiasmo,* minha prima!

Após alguns dias acompanhando os acontecimentos da fazenda de *herr* Klaus na companhia sempre atenta e amorosa de Luciana, eu observava, ansiosa, as nuances fisionômicas de Katja, durante um intervalo de repouso no qual se acomodava no terraço dianteiro da bela morada, tendo diante de si as belas paisagens distantes de escarpas serranas bordadas pelas campinas extensas, nas quais algumas propriedades de comerciantes de café espalhavam seus plantios e o cultivo de produtos leguminosos variados.

Tínhamos consciência, eu e minha tutora, de que se de um lado Katja tomara como hábito repousar dos afazeres domésticos com Elza e as demais mulheres da casa naquele horário, de outro, também Nadav, furtivo, ousadamente fazia por onde surgir de inopino naquele setor da morada, forjando este ou aquele pretexto, com intenção premeditada, sempre que a percebia sozinha. Era inequívoco, e dúvidas não restavam sobre isso. Nem à própria Katja. Assim, diariamente ela cumpria aquele hábito, dividida entre a convicção de que o fazia sem pretender encontrar Nadav, mas sem também justificar adequadamente para si mesma que não detinha o conhecimento de que as aparições dele durante o seu período de descanso não mais se constituíam, de jeito nenhum, numa coincidência.

– Pense em *frau* Elza, Katja, a mulher que a recebeu como filha, na sua situação de completo desamparo! Sendo fiel ao sentimento que, bem vejo, nutre com sinceridade por Nicolai, sem se deixar iludir por impulsos estranhos se insinuando em seu coração por força das aparências e dos modos ousados de Nadav. Não terá do que se arrepender mais tarde, porque contará, nessa mulher de nobres sentimentos, de fato, com a mãe que tanta falta lhe faz atualmente, na sua desditosa indigência!... – reforcei o meu aconselhamento à jovem de olhar tristonho e perdido, assentada no banco trançado de estofados aveludados no terraço fresco pela brisa da tarde.

Havia pressentido com Luciana, e com acerto, a aproximação de Nadav, movido pelas intenções costumeiras.

Valíamo-nos, destarte, de oportuno interstício entre o dia da entrevista marcante havida entre Nicolai e seu pai, presenciada por nós do outro lado da vida, sem que os dois homens percebessem nossa presença. Porque, a despeito da tormenta desencadeada com furor nos seus pensamentos convulsionados à roda, desde que flagrara a palestra tumultuada entre Baruch e Nadav, o filho de *herr* Klaus acabara deixando prevalecer nas suas iniciativas, como era de prever, os pendores de seu caráter reto.

Seguira o aconselhamento paterno e se internara voluntariamente em período de uma quase reclusão, voltado apenas, e de forma obcecada, ao seu trabalho diuturno, de modo que dias se sucederam sem que praticamente o jovem se avistasse com qualquer dos novos hóspedes sob a tutela de sua família. Nem mesmo com Katja!

Esta, de seu lado, pouco compreendendo o que sucedia, ressentia-se do recuo inexplicável de Nicolai nas suas relações, até então harmoniosas. Klaus e o filho já haviam deixado Elza a par dos últimos imprevistos relacionados aos novos inquilinos e trabalhadores da propriedade. Katja sentia-se sem referência para se abrir convenientemente sobre as dúvidas a respeito da situação que alimentava na alma triste e desalentada.

Luciana tocou-me o braço, chamando-me a atenção.

Katja, algo palpitante, levantou-se num impulso, quando pressentiu o movimento.

Olhou os arredores com o olhar vívido e azulíneo esquadrinhando os interiores sombrios para além da entrada da morada.

Não havia ninguém visível ali, já que os homens trabalhavam nas plantações e as mulheres prosseguiam finalizando a azáfama doméstica rotineira, algumas se higienizando, outras arrematando a limpeza dos cômodos em palestra ruidosa, com risadas cristalinas que alcançavam, de longe, a audição de quem se achasse onde Katja estava.

Observei, preocupada, a aproximação de um estranho Nadav.

Quase não reconhecia mais, naquele homem jovem, mas desgastado pela rudeza dos últimos sofrimentos, o noivo de outros tempos: idealista e empreendedor, que tecia comigo planos condizentes com os projetos de estreitamento familiares entre os Borinski e os Schutell.

– Devemos interceder também por meio dele? – indaguei para Luciana, indecisa, inexperiente naquele tipo de ação da qual havia muito me via destreinada, afastada nas tarefas do aprendizado da última vida corpórea.

– Por enquanto, não. Vamos observar as reações de Katja às impressões que sugeriu ao seu espírito. Creia-me, Esther – a tutora mais uma vez me assegurou, confiante –, ela é receptiva, e não foi em vão a sua intercessão, no decorrer destes dias!

De fato, inicialmente, Katja se mostrou incomodada com a chegada inusitada de Nadav.

Ela temia a presença de Elza naquela área da morada em que a sua senhoria costumava também diariamente repousar e palestrar de maneira agradável com a hóspede sobre os assuntos relacionados ao seu contexto de vida no período anterior aos revezes da guerra.

– Nadav! O que faz novamente aqui, a esta hora? Não deveria estar em companhia de Baruch?

– Sim, mas como sabe há dias menos sobrecarregados, que permitem antecipar meu retorno dos serviços na fazenda.

Dizendo isso, calou-se, reticente.

Os olhos, porém, diziam o que não tinha ainda coragem para expor com franqueza. E, sabedora disso, intuitiva que era, Katja corou de abrupto, baixando os olhos em seguida.

Não podia sustentar-lhe com firmeza o olhar invasivo durante muito tempo, porque bem se conhecia. E, muito embora não desdenhasse ou negasse a sinceridade de seus melhores sentimentos para com Nicolai, sabia, de antemão, da sua fraqueza diante daquele jovem que mexia com suas emoções muito mais do que gostaria de admitir.

Todavia, Nadav a incomodava de maneira ainda indefinida ao seu próprio entendimento.

Não saberia dizer para si mesma o que sentia em relação a ele. Se paixão abrupta, avassaladora; se medo, intimidação; ou se algum outro sentimento ainda latente, que temia extravasar, comprometendo todo o curso já tranquilizador que se prenunciava em seu destino, por intermédio da perspectiva alvissareira de sua união com Nicolai.

Contudo, e para meu franco gáudio, notava, sob a orientação de Luciana, que Katja se mostrava efetivamente influenciada pelas ideias que buscara lhe incutir com insistência no decorrer daqueles últimos dias. Assim, em decorrência dessas impressões indefiníveis ao seu íntimo, buscou, instintivamente, subterfúgios que a livrassem da conjuntura que lhe era incômoda, apesar de tudo.

– Bem, também busco repouso dos afazeres do dia, Nadav. Mas certamente que se dirige aos seus aposentos com a mesma finalidade; assim, se me permite, deixo-o, pois tenho ainda obrigações a cumprir com *frau* Elza.

Aflita, fez menção de sair. Mas foi contida por Nadav. Ele aparentava não conseguir resistir aos impulsos que, diante da jovem que o fascinava por completo, compeliam-no a retê-la, embora sem saber exatamente com que finalidade. Em verdade, nem sabia o que lhe diria nos próximos minutos.

Chamou-a, e, algo enrubescida, Katja deteve seus passos e voltou-se, no entanto, sem encará-lo.

– O que quer, Nadav? – indagou, intimidada, cabisbaixa, com as mãos amassando com certo nervosismo as pregas do longo vestido azul-claro que usava.

Tenso silêncio se fez entre os dois jovens. E, agora, era Nadav quem relanceava o olhar, apreensivo, nos arredores, temendo a proximidade de vozes que entreouvia palestrando em algum setor da grande moradia, que não conseguia definir com precisão.

Nervoso, baixou o tom da voz. E a carga insuportável de ansiedade que o constrangia há um tempo já dilatado demais para a suportação de sua índole sempre impulsiva, fez com que perdesse momentaneamente o controle de si mesmo.

– Katja... perdoe-me abordar contigo este assunto, assim, intempestivamente! Mas é que se trata de coisas que retenho num crescendo dentro de mim, desde a época em que empreendemos, juntos, a viagem de fuga da Polônia, sob a custódia de Nicolai! Não consigo mais guardá-las somente para mim, e, bem vejo, você também, ao que me parece, reflete em seu olhar que me corresponde aos anseios íntimos! Somente por notar isso é que, agora, ouso abordá-la sobre este assunto!

Troquei com Luciana, nesse ponto crítico da palestra discreta e tensa, um olhar quase alarmado. Via-se que chegava, para ambos, o momento decisivo daquele drama até então mantido oculto, quase despercebido dos circunstantes da morada, salvo pela ocasião infeliz de semanas antes, na qual Nicolai flagrara a discussão exaltada entre Baruch e Nadav no escritório.

Notamos Katja arfante, sobressaltada.

Não conseguiu mentir para Nadav que desconhecia aquilo a que ele se referia. Seu caráter era por demais reto para tanto, mas, de outro lado, uma força interior puxava-a decididamente para trás, sem que pudesse evitar. Parecia segredar-lhe que deveria adotar extremo cuidado com os seus próximos atos e palavras.

Parte dessa sensação, que ela mesma não conseguia identificar satisfatoriamente, era claro, originava-se na minha presença e de Luciana, paradas ao seu lado, tentando influenciá-la decididamente a não cometer a imprudência de abandonar-se ao imenso ascendente emotivo que a personalidade magnética de Nadav lhe exercia imperiosamente ao espírito, subjugando-a, sem que quase pudesse resistir.

– Cuidado, Katja!... – eu reforçava, aflita, a advertência, colocando-me rente à jovem transida que tinha ao meu lado.

Luciana avisou-me de que sairia em busca de Fabrizio, caso se achasse ainda na casa, pois viéramos juntos, ainda naquela oportunidade, objetivando auxiliar no que pudéssemos a situação delicada que tínhamos sob tarefa de auxílio.

Ela deu a entender que confiava nas minhas iniciativas, com um sorriso amigo e seguro, e deixou-me no esforço persistente de conter Katja naquele diálogo difícil.

– Nadav... – ela começou, finalmente, quando se sentiu em condições de pronunciar alguma palavra, vencendo o grande embate oculto que a paralisara durante alguns momentos. – Por favor! Não quero admitir que entendo aquilo a que alude, mas se é, de fato, o que suponho, rogo-lhe: não queira me arrastar a um impasse que haverá, muito provavelmente, de nos prejudicar!

– E adianta, a mim e a você mesma, ocultar o que sentimos um pelo outro, Katja? Ou nega o que o seu olhar já de há tempos vem me confidenciando, sem que sequer o perceba?!

– Creio que interpreta de maneira errônea as minhas atitudes com você! – Ela esquivou-se, com um meneio de desamparo: – Não sabe que praticamente sou comprometida com Nicolai, diante de sua família, Nadav?!

– Não ama Nicolai! – Nadav revidou, completamente arrastado pelo estado convulsionado do seu entrechoque emotivo.

– Por favor! – Katja relutou, relanceando finalmente em Nadav o olhar úmido, mas sem conseguir sustentar a contento, sem desfalecimentos que lhe traíam os sentimentos mais íntimos, o ardor com que ele a abordava, como se não pudesse resistir e desperdiçar aquele momento, quaisquer que fossem as consequências.

Nesse ponto, todavia, e para meu franco alívio, de vez que também já ofegava de angústia ao lado da agora desnorteada prima de outrora, alguém a chamou do interior da casa.

Era o timbre de voz grave, cativante, de Nicolai, solicitando, ao que parecia bem-disposto, a sua presença em cômodo próximo de onde nos achávamos.

Katja arrepanhou, rápido, as vestes largas, escusando-se ao frustrado Nadav, e deixando, apressada, a varanda.

Experimentava em seu coração um grande alívio, do qual também eu compartilhei!

Ela ganhou, apressada, o ambiente da sala de estar, onde o rapaz a esperava. Acompanhei seus passos, reunindo-me a Luciana e Fabrizio, e deixando, do lado de fora, um Nadav abandonado a enorme conflito íntimo.

Principiava, ante o julgamento de meu foro íntimo, um esforço franco para redimir o meu passado com aqueles personagens, alguns dos quais me faziam sentir compelida a ajudar em seus dilemas, já que eram resultado, em grande parte, como no caso de Nadav, do modo pouco refletido com que atuaram noutros tempos, sob a minha decisiva e desafortunada influência.

CAPÍTULO VINTE E SETE
O PEDIDO DE CASAMENTO

Nicolai mal poderia suspeitar, na expressão ligeiramente empalidecida de sua pretendida, as razões reais da inexplicável e mal disfarçada comoção da qual dava mostras.

De seu lado, e após dias mergulhado em reflexões e dilemas que o inquietaram supinamente, chegara, o filho de Klaus, a uma decisão que, a seu ver, facultaria a Katja decidir seu destino sem maiores constrangimentos.

Expusera ao pai os seus propósitos, e este, após longa conversa, aprovara-lhe as diretrizes.

Pediria Katja em casamento. Sim, considerava já haver decorrido tempo suficiente de convivência entre ambos, e, com a anuência acolhedora de seus pais, contava que os bons augúrios o favoreceriam, no momento em que oferecesse à jovem polonesa seu coração e as suas melhores perspectivas para a vida de ambos.

Assim considerando, portanto, adquirira, nos dias anteriores, o anel de noivado. E, agora, sem que Katja sequer imaginasse a grande surpresa que o jovem Levinski lhe reservava, a convocava para palestra reservada.

Nicolai especulara para si mesmo, no decorrer daquele período em que se internara em isolamento e cismas, que, na pior das hipóteses, se a moça o rejeitasse, na situação formal de um pedido matrimonial ela não se exporia tanto. Cabia-lhe direito à recusa, sem que precisasse esmiuçar razões, e isso, de outro lado, iria livrá-la de maiores constrangimentos, o que seria inevitável, se, por acaso, houvesse se decidido pelo confrontamento com Nadav, expondo-a ao vexame de seu envolvimento sub-reptício com aquele a quem considerara amigo. Assim, seria forçado a afastá-la, bem como os demais, como única medida cabível, em caso de dissensão difícil entre todos.

De outra forma, se Katja recusasse o seu pedido de casamento, sobrava-lhe a alternativa de não cobrar explicações dela. O dever cavalheiresco lhe impunha isso, ao mesmo passo que a conjuntura permitiria que ela permanecesse sob a tutela dos seus, sem maiores complicações, pelo menos no que a ela dissesse respeito.

Fora, portanto, o que a voz do sentimento supremo que lhe devotava lhe inspirou aos gestos e iniciativas, para que o impasse delicado fosse decidido a contento.

E, no que se relacionava a Nadav e Baruch, esperaria. A passagem dos dias e os acontecimentos subsequentes, decerto, iriam orientá-lo sobre o melhor a fazer, e ainda que posteriormente amargasse o dissabor de ver Katja se decidir por Nadav, ao menos conseguiria tê-la livrado de qualquer aviltamento à sua integridade.

– Foi o que o amor genuíno que devota a Katja determinou a Nicolai, acerca do dilema que a situação difícil na qual Nadav os lançou lhe cobrava... – explicou-me com brevidade Fabrizio, tão logo os alcancei, seguindo Katja, quando foi ao encontro de Nicolai à sua espera no outro cômodo.

Mantivemo-nos, os três, da invisibilidade, portanto, atentando com grande interesse ao que o coração de Katja iria inspirá-la nos instantes seguintes, em resposta à iniciativa generosa e cheia das melhores esperanças da parte do filho de *herr* Klaus.

– Devo influenciá-la? – questionei a meus amáveis tutores, mas, a isso, Luciana me instruiu com segurança.

– O livre-arbítrio é território sagrado e utilíssimo para a aquisição do aprendizado mais valioso no decorrer de nossas experiências corpóreas, Esther! Sei que suas intenções são as melhores! Mas, neste caso, já sugeriu o bastante a Katja, cujo espírito, de resto, é mais susceptível à sua inspiração do que supõe, dada a sintonia existente entre o seu íntimo e o dela! Devemos interceder somente em caso de franca desorientação, ou em sendo caso de ela pender para alguma iniciativa francamente irrefletida! – E, ainda me segurando pelas mãos de forma amistosa, continuou: – Mas não descreia do que vai no coração da sua prima a respeito de Nicolai; afinal, ele é um rapaz valoroso, belo e bom! Haveremos de comprovar que o que Katja vivencia é, acima de tudo, um dilema conflituoso de sentimentos, dos quais ela experimenta certa dificuldade de diferenciar entre o que é amor, de fato, e o que é mero entusiasmo! Vamos confiar na sua capacidade de discernimento!

Dito isto, silenciamos, quando os dois jovens acomodaram-se, próximos um do outro, nos estofados confortáveis da saleta de estar bem decorada da moradia dos Levinski.

Nicolai ainda a percebia empalidecida, mas julgou que, talvez, isso se devesse a alguma suposição incerta que a jovem fizesse da real razão dele de a convocar àquele entendimento reservado e inesperado.

– Está bela, Katja! Mais ainda do que já é! – E Nicolai, emocionado, sorria-lhe, radioso: – Bem a propósito do que, neste momento, tenho a tratar contigo, e que, suponho, seja do seu agrado, bem como algum alento a tudo o de mais terrífico que você sofreu em tempos recentes! – Ele introduziu o assunto, com entonação terna, tomando, respeitoso, uma das delicadas e róseas mãos.

Entreolharam-se. E Katja sentiu os olhos marejarem, inexplicavelmente.

– Mas... a que se refere, Nicolai? – indagou, após breve pausa, esboçando um sorriso leve, quase temeroso.

O jovem mergulhou os seus olhos, cheios de um brilho de entusiástica esperança, no olhar receoso dela.

– Katja, o que acharia de ganhar do destino uma nova família, acolhendo-a com o mesmo amor com o qual contou outrora na sua pátria distante?! A... minha família, Katja! Que pensaria de passar a pertencer, oficialmente, a ela, sendo filha querida de minha mãe, que assim já a considera, bem como assim também meu pai? – E, revestindo-se da coragem final, pressionou-lhe, carinhoso, a mão que entrelaçava entre as suas, concluindo: – Quer casar comigo, Katja?

A jovem sentiu a respiração fugir, ainda mais pálida, estática no primeiro momento, sem saber o que pensar.

Manteve o olhar assustadiço preso ao do jovem que, a essa sua reação, compreendeu toda a extensão de sua surpresa, e que, de certo modo, a colhera desprevenida nas suas expectativas talvez modestas no que se referia ao relacionamento ainda grandemente velado e indefinido entre ambos.

Certo, desde que haviam se conhecido na Polônia, antes das agruras do Reich e dos campos de concentração, vinha se delineando entre eles uma atração franca, e mesmo indisfarçada. Flertaram e trocaram ditames amorosos em algumas ocasiões. Mas, com todo o tumulto posterior da fuga precipitada para o Brasil, os temores dos perigos da situação que os colhera de abrupto, os sofrimentos hediondos de tantas perdas de entes queridos para as câmaras de tortura... a aproximação entre ambos arrefecera, inevitavelmente, embora no decorrer do tempo em que afinal tudo se acalmara, com a sua acolhida na fazenda de *herr* Klaus, houvesse retomado algo da atração mútua experimentada anteriormente.

Só que... naquele meio tempo... havia aparecido Nadav!

E, a partir de então, com o assédio incansável do ex-cunhado de Baruch, confundiram-se-lhes as emoções. Nadav era belo e indiscutivelmente carismático. O magnetismo arrebatado que a sua presença impulsiva e ousada lhe impunha ao espírito carente, fragilizado, acabara por levá-la a perder a noção exata do que sentia verdadeiramente por um e por outro.

Se de um lado o sentimento terno e cheio de sincera nobreza de Nicolai a enlevava e extasiava em dados momentos, noutros, contudo, os ímpetos audaciosos de Nadav cada vez mais exerciam sobre os seus nervos fragilizados um ascendente a que, muitas vezes, tinha dificuldades francas para resistir.

– *"Cuidado, Katja! Saiba diferenciar entre o amor puro e verdadeiro e um mero impulso ou entusiasmo!"* – aquela voz interior estranha, que ouvira anteriormente em seu íntimo, e de cuja procedência não poderia atinar, atribuindo-a à própria consciência, todavia, advertia-a inexplicavelmente, e ainda com mais intensidade, naquele minuto decisivo de sua vida.

Nicolai ainda segurava-lhe, carinhosamente, as mãos frias e trêmulas, em ansiosa expectativa.

Podia sentir no calor de sua presença toda a sinceridade de que se revestia a sua proposta. Via, na luz brilhosa de seus olhos esverdeados, o amor sincero, autêntico, que fielmente lhe devotava havia tanto tempo.

E, num resquício de frieza para concatenar raciocínios, conseguir estabelecer um paralelo fugidio, mas valioso, entre o que experimentava ali, na presença do homem bom e honesto que lhe estendia, generoso, a oportunidade inequívoca de renovação da felicidade, e a mistura confusa de emoções rescaldantes, caóticas, desnorteadoras, que havia pouco, no terraço fronteiriço da casa, vivenciara diante do irrefletido Nadav.

O contraste se fez, repentinamente, flagrante à sua visão íntima.

Perto dali, respeitosos e emocionados, presenciávamos o desenrolar da palestra. Eu, de braços dados com Luciana, que acompanhava minha expectativa, compreendendo-me integralmente o intenso conflito emotivo interior.

– Oh, Katja... – murmurei, lacrimosa, assistindo à indecisão inibida na qual minha prima ainda se demorava: – Por favor! Permita-se ser feliz de fato, e assim me auxiliará, também, a não permitir que Nadav se abandone à extensão das infelizes iniciativas que o compeliram, outrora... por minha culpa!

Mais uma vez chorava, incontidamente.

CAPÍTULO VINTE E OITO
A CORRIGENDA DE NADAV

Ao contrário do que o despótico Aluísio empreendera à guisa de desforra de sua honra no passado distante e sombrio de uma fazenda escravocrata do Brasil, diversa fora a corrigenda reservada pelo destino ao verdugo aviltado em seu orgulho de outrora, graças à nobreza do espírito de escol de Nicolai e de seu pai, *herr* Klaus – o antigo escravo Benjamim!

Katja dissera "sim" ao pedido magnânimo de Nicolai, enchendo-o, bem como à sua família, e também a nós, do outro lado da vida, de franca alegria.

A partir daí, a jovem se eclipsara voluntariamente, o mais que pôde, de encontros casuais com o assediador Nadav, que, desassossegado, inquieto, a cada dia mais se via inconformado com o sumiço do alvo de seus desgovernados sentimentos.

Baruch chegara a adverti-lo para desistir das atitudes insensatas a que se entregara ultimamente, alegando ter percebido modificações na rotina da cada dos Levinski, no que dizia respeito a Katja.

A moça, ao contrário do começo de sua estada, via-se mais reclusa. Ao mesmo tempo, estava entregue, com mais desembaraço e liberdade, às atividades domésticas da casa ao lado da sempre voluntariosa senhoria, que lhe passava renovadas instruções sobre o funcionamento da vasta morada e a coordenação dos trabalhos domésticos. Katja participava com grande prazer e desenvoltura, o que logo foi percebido por Elza.

Alguma coisa nova se prenunciava na rotina da família, e Baruch não tardou a atinar o que era. Tentou prevenir o amigo; mas este, como de costume, arrebatado e irrefletido, não lhe deu ouvidos, preferindo persistir, a todo o custo, e cedendo ao impulso de tentar ter com a jovem a sós, a fim de arrematar o assédio calculado com que de há muito já a constrangia, embora em nenhum momento se detivesse a refletir acerca da finalidade maior dessas suas atitudes.

Mas Baruch insistia:

– Nadav, você está perdido em suas atitudes! Estamos bem empregados, em situação favorável, autêntico favor de Deus após tantos sofrimentos! Katja tem a chance de reconstruir a sua felicidade! Então, veja se para com esses desatinos ou porá a perder não apenas a si mesmo e a mim, lançando-nos de volta à desesperadora indigência anterior, mas também minha pobre prima, que tudo perdeu na vida, Nadav! E não vou perdoá-lo nunca por isso!

Em vão.

Nadav só cobrou aprumo, tombando sob o peso implacável da decepção nos seus propósitos desorientados, quando veio a saber, do modo mais imprevisto, sobre a consumação das novidades a respeito de Katja.

Certo dia, a fazenda de *herr* Klaus foi ornamentada para grandes festejos.

Justamente o do consórcio entre o radiante Nicolai e a revigorada Katja, que, entre sorridente e refeita, surgiu arrumada com esmero para receber os convidados da família com o noivo e o senhorio, antes que se dirigissem ao sacramento religioso apropriado.

Baruch fora informado da novidade tempos antes, por Nicolai. Contudo, ambos pouparam Nadav de entrar no conhecimento do acontecimento, para que, na ocasião em que fora celebrado o noivado, com discrição, logo após a palestra definitiva entre os jovens, não se pusesse ele a tentar assediar de todo jeito a jovem, a fim de dissuadi-la da decisão acertada adotada para o seu destino.

Fora esse acordo firmado entre os dois jovens amigos, durante a longa conversa na qual Nicolai, enfim, e de resto encorajado com habilidade por Baruch, sentiu-se disposto a se abrir com o meu irmão sobre o longo dilema enfrentado nos últimos tempos, depois de flagrar a discussão difícil travada entre ele e Nadav, naquela noite já distante e tempestuosa.

Enfurecido, sendo colhido de chofre, estupefato, pelo crescente alarido álacre na residência profusamente iluminada e enfeitada com flores, Nadav ainda cresceu de ânimo, prestes a cometer um desatino.

Mas, a par da reprimenda dura recebida de Baruch, ainda contou com uma influência decisiva, insuspeitada, da parte de Fabrizio, que, em nossa companhia e como sempre acompanhando diligentemente os progressos dos acontecimentos na propriedade dos Levinski, advertiu-o da invisibilidade, com severidade:

– Nadav! Deixe de lado, de uma vez por todas, o seu desejo de vindita! Ouça, Aluísio! Reconhece, agora, fugidiamente, neste seu estado de desprendimento, o seu antigo adversário, e vítima fatal do seu despotismo crudelíssimo: Benjamim, na pessoa de *herr* Klaus, não reconhece? Pois entenda comigo, e, agora, para o seu proveito, Aluísio, que se vê assim, inexplicavelmente compelido a obsidiar esta moça dessa forma, e ainda desta vez, por *desejo de desforra*! Não se esqueceu do passado no qual se julgou preterido pela sua pretendida Judite, e quer, por força, a partir disso, lançar Nicolai, o filho inocente de Klaus daquela mesma época, atirado à orfandade e à indigência pela sua cólera, à situação quase idêntica à que você vivenciou – somente para se justificar diante da sua própria consciência! É *vingança*, Nadav! Quer que o filho do antigo Benjamim seja traído por Katja, unindo-se a você, para fazê-lo experimentar na pele a injustiça que você julga ter sofrido naquele tempo, da parte do pai dele, ao levar Judite a lhe preterir em favor do escravo desprezado e vilipendiado socialmente!

Fabrizio disse essas coisas a Nadav durante o seu estado de parcial desprendimento do espírito no sono noturno, um dia antes do consórcio de Katja e Nicolai.

Operava do plano invisível com Bruno, em trabalho de ordem fluídica especial, que o lançou em condições apropriadas de retomada de algumas reminiscências da vida anterior na qual fora o altaneiro Aluísio, o filho de colonos portugueses.

Tomado de sensações contraditórias ao despertar, confundido nas emoções, por força das estranhas recordações de seu conturbado período de sono, Nadav entregou-se ao trabalho, naquele dia singular, demonstrando comportamento até certo ponto diferente do usual, e causando admiração em Baruch. Até que, com o passar das horas, viu-se, o amigo, compelido a afinal revelar o que se daria dali a alguns instantes, quando o outro principiou a lhe dirigir perguntas de difícil resposta a respeito da movimentação diversa na casa, e da ausência inexplicável de Nicolai na direção dos serviços administrativos da propriedade, desde a manhã do dia anterior.

Quando Nadav, enfim, viu-se de posse da notícia que o encheu de uma mistura violenta de ódio, mágoa e frustração, já Katja se via trajada convenientemente para os festejos de seu consórcio matrimonial, feliz e renovada em sua disposição de espírito ao lado da futura sogra, de Klaus, e de criadas ocupadas em auxiliá-la com os últimos acessórios de seu lindo vestido azulado ornado de rendas finas.

Tomado de intensa comoção interior, que quase o levava ao desatino, no entanto, tudo o que Nadav obteve a mais da jovem foi um olhar distanciado e esquivo, notadamente indiferente, à distância da porta da morada de hóspedes onde habitava com o primo da jovem desde a sua chegada como refugiado.

E, depois disso, compelido pela censura severa de seu amigo, tanto quanto pela estranha apatia de espírito que parecia neutralizar-lhe estranhamente suas iniciativas destrutivas, após o estranho sonho para o qual sequer suspeitava de mais elucidações, tudo o que pôde empreender foi se obrigar a um recolhimento forçado, na sucessão de dias tristes e solitários que se impuseram ao seu destino.

Sob a orientação sempre segura, embora companheira e amigável de Baruch, Nadav procurou, salvo o contragosto, voltar suas convicções no sentido da aceitação de um desígnio divino contra o qual nada podia, e ao qual, apesar de tudo, deveria ser grato, depois de arriscar afrontá-Lo injustificadamente, quando esteve por um triz para pagar, com a perfídia, a prestimosa generosidade de um amigo.

Contou, ainda, com a minha assistência, cheia de pesar e de compaixão. Não sabia se apenas por ele, se também por mim mesma.

Apoiada pelos incansáveis Fabrizio, Bruno e Luciana, obtive a autorização generosa de nossos mentores de Elysium para ampará-lo na existência reclusa e, ao seu entendimento, vazia de sentido, à qual se abandonou após aquele seu último e sofrido drama.

De tempos em tempos, retornaria, assessorada pelos meus mentores mais diretos, a fim de cumprir com zelo a tarefa que a mim mesma requisitava, compelida pela voz tanto consanguínea quanto dos elos de afetividade de um passado longínquo.

E assim a família Levinski prosseguiu no seu cotidiano, sempre fiel às suas diretrizes confraternas no compartilhamento dos múltiplos episódios da vida.

CAPÍTULO VINTE E NOVE
DE VOLTA A ELYSIUM

Tudo se apaziguara, ao menos transitoriamente, na residência de herr *Klaus.* E, notando que a família assim harmonizada prescindiria de maiores cuidados do Mundo Maior, retornamos a Elysium.

Eu colhera várias anotações importantes para as minhas reflexões e aprendizado no processo de readaptação e entrosamento com as atividades comuns à vasta cidade etérea situada sobre a região da Campânia.

Era, de minha parte, compelida a assimilar a lição preciosa de que, no afã de me engajar na tarefa assistencial dos socorristas de Elysium aos reencarnados, que tanto ansiara inaugurar com a oportunidade oferecida com os episódios inopinados na vida de meu ex-noivo, cabia-me, contudo, e, antes de tudo, a conscientização de que ainda não me via inteiramente preparada.

Restava claro que a emoção dos últimos acontecimentos havidos com Nadav, que tanto me atingiram, oferecia-me a certeza de que era eu, ainda, e em primeiro lugar, quem necessitava, durante longo tempo, de auxílio, amparo e aprendizagem no estudo e no conhecimento da aplicação prática das leis evolutivas nas minúcias mais pequeninas que constituíam não apenas a minha história, mas tantas outras, anônimas.

De fato, como apoiar e inspirar entes queridos com acerto, quando ainda presa de tantos remorsos e hesitações íntimas, que me embargavam os melhores propósitos?

Em reparando essa minha disposição desanimadora, Luciana tentava diariamente me ajudar no reajuste devido de conceitos.

– Mas, como que se culpa desse modo, Esther? É preciso que compreenda que, na época em que foi Nanci, em estágio no Brasil Colonial, e Nadav foi seu irmão Aluísio, ele, de qualquer modo, haveria de agir segundo os atributos arrebatados da sua personalidade altiva, e preso aos preconceitos da época! Não duvide de que, se não fosse você a precipitar os acontecimentos drásticos que se abateram sobre Benjamim e Judite, de todo modo, tudo o que existia entre eles viria à tona e o resultado seria o mesmo! Seu irmão não agiu como agiu em razão direta da sua denúncia, acredite-me! Descarregou a cólera e a vindita fatal sobre o escravo odiado muito mais pelos condicionamentos ditados pelos rígidos pruridos da época. Se houvesse descoberto sozinho, por qualquer contingência, o caso infamante, decretaria contra ele o flagelo e a morte, de qualquer jeito, e apoiado pelo tio e seu pai, colonos e senhores de terras pertencentes a um histórico do passado brasileiro que todo estudante conhece bem! E, fosse o caso de Judite com alguém da sua própria estirpe, talvez outro não tivesse sido o desfecho, pois sabe que, em tempos antigos, os duelos proliferavam na chamada lavagem de honra, em casos assim! Ouvi, atenta, a instrução extensa e sempre sábia da mentora amiga, relanceando-lhe o olhar úmido e algo mais alentado.

– Sim, Luciana... – admiti, por fim, mas sem me demover da rígida autocrítica com que julgava a mim mesma em meu foro íntimo. – Todavia, minha atitude revanchista precipitou toda essa ordem lamentável de ocorrências, cujos ranços, irremovíveis até o presente, permanecem na alma ferrenha de meu antigo irmão! Nada é tão provável naquela conjuntura, você deve admitir! E se Judite e Benjamim conseguissem forjar algum plano que lhes permitisse a fuga, na ocasião de desespero em que viviam? Não, minha amiga! – aludi, sem falsa modéstia. – Reconheço, agora, bem claramente, a extensão dos meus erros, e me apraz envidar tudo o que me for possível, daqui, do âmbito mais verdadeiro da vida, a fim de lavar essa nódoa da alma, que repudio, e que até hoje traz consequências nefastas ao universo interior do meu pobre Nadav.

E, divagando o olhar talvez mais esperançoso pelas cadeias de montanhas esverdeadas à distância, banhadas pelos raios solares diamantinos de Elysium, ponderei para a amiga que me acompanhava a passeio por um dos parques deslumbrantes da cidade, sempre atenta e paciente:

– Veja, Luciana, até onde o encadeamento dos acontecimentos ocorridos em lugares tão distanciados do mundo, neste último enredo da família judia vítima do Reich, encaminharam-me! Com quantas lições surpreendentes deparamos, após a passagem! – exclamei, tomada de sincera admiração. – Quantos nomes e quantas vestes carnais já não exibimos nos cenários materiais do mundo, minha querida amiga e irmã? Quantas nacionalidades e quantas ilusões a respeito de nós mesmos? – Voltei meu olhar para ela, que me fixou, com a bondade usual. – Quantos males insuspeitos provocamos nos desvios de destinos que desencadeamos nos caminhos dos demais seres, com nossas mínimas atitudes, impensadas ou imprevidentes?

– É muito rígida consigo mesma... – a tutora considerou, sorrindo-me. – Nossa evolução é pavimentada justamente nas curvas dos caminhos, em que aprendemos por meio de situações sempre inéditas! Essas situações sucessivas são o resultado puro e simples de nossas escolhas mais despercebidas, Esther! E não há como evitar os enganos e erros. São eles que nos ensinam, melhor do que tudo o mais. E é com base nesse aprendizado que adquirimos todo o mérito de nossos acertos e da ascensão, sempre progressiva, rumo a destinos maravilhosos e desconhecidos a nos aguardar a todos, no caminho infinito!

E, como reparasse que eu a ouvia, apenas receptiva à lição proveitosa, usufruindo extensamente o ar balsâmico espargido pelos ventos campesinos das colinas do derredor, acrescentou, gesticulando com maior entusiasmo:

– Devemos ir ao encontro do senhor e da senhora Borinski! Ariel deve estar ansiosa para revê-la e ainda temos, no dia de hoje, o compromisso com a palestra no Campo das Exposições, da qual Fabrizio nos avisou há pouco, e à qual não devemos faltar! – E, acrescentando ao tom de voz bem-disposto um sorriso de conotação diversa, significativa, cujo sentido não apreendi num primeiro momento, contou-me, aparentando alvissareira casualidade: – Conheço, de há muito tempo, o palestrante da tarde de hoje, e o assunto que ele abordará no Campo é bem de encomenda a você e aos seus familiares, minha amiga! É amigo de Fabrizio há vários séculos, e por que não dizer, amigo íntimo, também, de nossa família aqui, em Elysium! Duvido que não aprecie grandemente o que lhe reserva a tarde de hoje!

Esquadrinhei Luciana, tomada de franca curiosidade. Mas só compreenderia, de fato, ao que ela aludia, quando chegasse o horário da palestra em perspectiva.

De sua parte, todavia, ela não acrescentou mais nenhum dado que viesse a satisfazer minha sede de esclarecimento. Nem ao que se relacionava ao conteúdo da palestra, reputada como de magnífico proveito aos meus projetos de aprendiz de socorrista de Recanto das Águas, o que de imediato despertou o meu interesse.

Com a intenção de aproveitar um pouco mais o restante do tempo que nos sobrava até a hora do evento, a mentora, sempre disposta, convidou-me a acompanhá-la na visitação de novos lugares, como o Instituto Científico Avançado, o Complexo de Trabalhos de Materialização, responsável pela acolhida de visitantes frequentes de estâncias espirituais superiores; o Instituto Nutricional de Elysium e os vários Templos espalhados em vastos ajardinados de determinada região da cidade, cada qual dirigido ao estudo dos aspectos mais elevados da Vida e da Criação, e as atividades em consonância com as tendências particulares de cada agrupamento familiar residente na vasta cidade etérea, no que se referia aos entendimentos diversificados dos aspectos divinos da existência.

Foi o suficiente para renovar o meu alento e encher-me de ânimo por tudo o que estava por vir, na forma de promessas das experiências inéditas e maravilhosas que me aguardariam de futuro, na passagem rápida do tempo segundo os parâmetros diferentes da vida espiritual, completamente diversos do que conhecemos quando ainda no corpo físico. Pois na matéria, por vezes, experimentamos uma sensação comum, porém inexistente nestas dimensões da vida, qual a de que o tempo se arrasta mais, em determinadas situações.

Mas dessas nuances, lugares e novidades surpreendentes, inebriantes, amigos leitores, darei mais notícias, se Deus assim o permitir, em outra oportunidade!

CAPÍTULO TRINTA
BERNARDO

Todos nos abraçamos, saudosos: eu, Ariel, agora uma jovem bela e vivaz; mamãe e papai, já refeitos, e nossos tutores diretos em Elysium, Luciana e Fabrizio, e seus filhos Bruno e Lucas, com a sua esposa. Sempre amáveis, otimistas, felizes.

É comum esse estado de espírito nestas cidades de dimensões da vida mais depuradas.

Haviam decorrido cerca de mais de dois anos de nosso retorno, e, agora, as lembranças sombrias dos nossos sofrimentos mais atrozes num passado ainda recente, para nosso júbilo, não mais nos torturavam para além de ligeira melancolia momentânea e muito espaçada em sua reincidência.

É que nos redescobríamos em nossa identidade definitiva e mais autêntica.

Redespertávamos, também, para a plenitude da vida além da materialidade. Vida mais real, mais plena, do que jamais a imaginaríamos quando mergulhados nas lutas e agruras pontilhadas de apenas alguns instantes de necessário remanso, durante a jornada corpórea!

Aqui, no Mundo Maior, leitoras e leitores amigos, o período que por ora vivenciam nos aparenta uma sucessão fugidia de sonhos vagos, quase nebulosos, que, afora o aprendizado útil à sedimentação bem-sucedida de nossa evolução, não nos deixa marcas maiores do que impressões fugazes, diáfanas!

Terminamos por nos recordar: *quantas*, meus amigos! Quantas incontáveis jornadas, dentro do fio contínuo e permanente da vida – desta vida perene, que nos sustenta a noção de nós mesmos! A convicção do ser e do existir!

Todas as personalidades vividas não são mais do que sonhos, no produto final do emaranhado incontável de nossos progressos, fracassos e realizações momentâneas!

E o que herdamos por saldo, a qualquer época, é sempre e estritamente o resultado de nossas escolhas! Nem mais, nem menos!

E os reencontros? Ah! Os doces reencontros com os que amamos! As grandes surpresas ao rever tantos que perdemos temporariamente de vista!

E também, preciso dizer: o inevitável aprendizado de harmonização, superação de diferenças e de reajuste de enganos, ao eventualmente reencontrarmos nos períodos de expurgo, em determinadas regiões do astral inferior, os desafetos, com os quais criamos laços voluntários ou involuntários de ódios e desavenças, na sucessão de episódios na trajetória infinita!

Eram bem esses aspectos importantes das vivências humanas a temática da esperada palestra de Bernardo.

Bernardo, explicara Fabrizio, introduzindo uma apresentação do amigo de sua família, era também socorrista em Recanto das Águas. Mas o seu histórico de atividades na cidade, a exemplo do que a ele se referia, era muito mais extenso.

Bernardo fora seu amigo e aparentado numa profusão incontável de vidas corpóreas, via sintonia das afinidades naturais. Fora irmão, amigo, tio e colega de armas.

Em horas críticas, comparecera, infalível, como o amigo inesperado, embora, muitas vezes, alheio ao seu círculo consanguíneo, que lhe valera em minutos de desespero e de dilemas atrozes. Noutras épocas, o pai firme. Ou o filho solidário de ocasiões felizes, ou instantes de hesitação. Livrara-o de um ou dois momentos de risco à própria sobrevivência, nas muitas situações de guerras já havidas no mundo.

Ganhando o ambiente profusamente florido do Campo das Exposições, lugar projetado em Elysium para as apresentações artísticas que abrangiam desde a pintura até as peças teatrais ao ar livre, reparamos na sucessão de assentos confortáveis nos quais a seleta audiência ia se acomodando, em palestra discreta e entusiasmada.

Ao que parecia, o palestrante já era conhecido de alguns que nos rodeavam. Mas Luciana logo me explicou que muitos dos presentes eram recém-chegados à cidade, curiosamente vindos da mesma procedência de onde eu e minha família nos originávamos na última etapa material.

Ao que aparentava, a temática da palestra em perspectiva se prendia a teor adequado a certo agrupamento de almas em período maior ou menor de adaptação à continuidade da vida após a transição, tendo em comum determinado gênero de experiências.

Acomodamo-nos, sentindo-nos felizes por nos encontrarmos ali, todos reunidos, saudáveis e com bom ânimo.

Mamãe e eu nos demos os braços, trocando impressões agradáveis, e Luciana me ladeou, tendo ao seu lado o marido e os dois filhos. Perto de mamãe, papai se colocou, de mãos dadas com a curiosa Ariel.

A plateia, constituída de algumas dezenas de pessoas, quedou-se em silêncio, quando a música excelsa que se ouvia, emoldurando a magnífica paisagem campestre dos arredores, arrefeceu de volume, anunciando a entrada, em altiplano próximo, de singular personagem, alto e de expressão que se nos transparecia enérgica, tanto quanto, de imediato, amigável.

Bernardo afinal surgia, subindo com desenvoltura os poucos degraus que o conduziriam ao local em que convidativo assento o aguardava.

De pé, colocou-se diante de nós, saudando-nos com bonomia.

Quando o fez, todavia, estranha sensação se assenhoreou imediatamente de meu íntimo. E, ao compreender a razão, o que não demorou a acontecer, uma comoção sem precedentes dominou o meu estado de espírito.

Apertei com força o braço de Luciana, os olhos marejando, sem que pudesse impedir. E uma emoção profunda, indescritível, roubou-me quase a capacidade de me deter nas primeiras palavras que o homem de aspecto nobre e amadurecido pronunciava, no palco próximo a nós, à guisa de cordial saudação.

– Luciana! – cochichei, sem poder me conter. – Eu... conheço este homem! Oh, meu Deus! Será que minhas recordações me iludem os sentidos? Será que me vejo vítima da imaginação perturbada pelo peso dos últimos acontecimentos?

– Não, minha querida irmã! Não se trata disso! Acalme-se – sugeriu. – Ouçamos o que Bernardo nos tem a dizer, e no fim tudo vai se entrelaçar e todas as razões lhe serão expostas!

"Bernardo!", eu repetia para mim mesma, presa de comoção intensa. "Eu conheço Bernardo! Deus! Não posso estar experimentando tamanha alegria!"

A meu lado, papai, mamãe e Ariel, estranhando-me os modos, intercederam, preocupados.

– Esther! Sente-se bem? – a irmãzinha zelosa logo indagou, atenta à minha indecifrável fisionomia.

– Sim... Sim, minha querida, estou bem! Depois lhes explico o que está acontecendo – eu disse a Ariel, até porque o palestrante já principiava o seu discurso, atraindo-nos imperativamente a atenção. E coloquei nele o olhar sumamente emocionado, sentindo-me destituída de fôlego, sequer de pensamentos que me pudessem furtar ao embate exaltado de emoções que me empolgavam o íntimo.

–... Trazidos por amigos ou amparadores de Elysium, aqui estão vocês, talvez na expectativa de ouvirem mais explicações sobre a nova vida que, não obstante, não é mais do que mera continuidade! Continuidade de suas atividades, meus queridos! Muitas deixadas por concluir, quando da sua despedida para as tarefas da materialidade! Outras, por começar! Novas expectativas de aprendizado, de crescimento, lazer e alegria, ao lado de tantas afeições, aqui deixadas noutros tempos! Mas... – ponderou, percorrendo o olhar amigável pelo grupo ali reunido em silêncio atento: – de dentro da modéstia de minhas perspectivas como palestrante, o que me traz aqui, diante de vocês, é o desejo de, compartilhando algo das minhas vivências, situá-los mais à vontade em um contexto que a todos vocês aparenta, ao mesmo tempo familiar e também desconhecido! Familiar – explicou, acomodando-se agora no assento, como se encetando palestra afetuosa entre velhos amigos e gesticulando com intimidade: – porque o prosseguimento da vida entre as etapas materiais, desde há muitas eras, é rotina cumprida por todos nós, nas extensões das trajetórias da eternidade! E desconhecida, de certa forma, já que, afinal, como tudo na vida prossegue em compasso contínuo de mudança, o que deixaram aqui, ou noutros setores destas dimensões da Vida quando retornaram à matéria, já se modificou, e muito!...

"Bernardo!", não me contive, exclamando, admirativa, para mim mesma. "Como ele está ainda mais belo, jovial... feliz!"

Eu sorria e chorava ao mesmo tempo, como uma criança.

E Luciana, sempre carinhosa, disse, reconfortadora:

– Reconhece, afinal, Bernardo, Esther? Assim, de pronto? – E, ante a minha anuência muda, perplexa, continuou:

– Sabe então ao que Bruno aludiu, naquele dia em que lhe anunciou grata surpresa, o que não pôde compreender de pronto?

Concordei, com um gesto de cabeça, comovida demais para falar. E Bernardo, como se de algum modo tivesse ouvido a nossa troca de impressões, dirigiu diretamente a mim o olhar caricioso, recomeçando:

– Vejo, aqui, espalhados pela nossa estimada audiência, nesta tarde bela em nosso Campo florido, alguns presentes pessoais que o Deus misericordioso me envia aos cuidados, na oportunidade de falar de modo também a lhes dirigir algumas palavras oportunas!

Notei que Fabrizio sorriu discretamente ao lado de Luciana, também tomada de expressiva satisfação. E Bernardo continuou entre sorridente e reflexivo:

– Meus queridos amigos, para abreviar o relato de uma trajetória impossível de se expor em sua extensão total aos meus ouvintes de agora, até para atender de conformidade ao propósito da palestra de hoje, gostaria de dizer-lhes que, dos tormentos que padeceram há pouco, fazendo sua transição como resultado mais ou menos abrupto das agruras brutais da guerra, conheço bastante, por ter vivido e respirado em panoramas semelhantes; somente que em outros tempos e sob outras vestes! – Olhou-nos a todos, de um a um, afetuosamente, como irmão mais vivido e experiente, e continuou: – Já vivenciei a experiência do algoz e da vítima! Do conquistador e do escravizado! Se fui o militar altaneiro dos exércitos romanos de outrora, caros, também já retornei ao mundo na pele do prisioneiro de guerra atirado ao cativeiro para sofrer os horrores mais cruéis da tortura e da humilhação! Também já fui, destarte, um frei franciscano, operando com os desvalidos da vida, e testemunhei e cuidei extensamente dos mais atrozes estados de indigência! – afirmou, reflexivo, passeando os olhos afáveis em toda a extensão de seus ouvintes. – Depois, retornei oportunamente ao mundo corpóreo como detentor de algum poder material com muitos que prejudiquei em outras romagens, na tentativa de resgatar alguma coisa do bastante que lhes devia ao lhes ter provocado um repertório de sofrimentos de difícil descrição aos senhores, e cujo resíduo amargo em minha alma, amigos, somente a custo de muita redenção e abnegação, lograrei extirpar a contento, perante a minha própria consciência!

Olhei para mamãe e papai. Ambos, ante a sinceridade tocante daquelas palavras, de um testemunho tão absolutamente despojado daquela alma de escol, choravam sem pejos. Quanto à jovem Ariel, esta contemplava com admiração e simpatia imediata o palestrante humilde, que ali desnudava a sua alma visando nivelar a todos no grau justo de humanidade que nos submete igualmente a lições parecidas, na esteira infindável dos caminhos diferentes de cada um ali presente.

– Por isso – concluía Bernardo, com um sorriso franco, amigo: – expus aos senhores, logo no início, a minha intenção maior de compartilhar experiências, antes de ensinar! Aqui, todos nos nivelamos em situação de caminhantes eternos na evolução infinita, rumo a patamares maiores de consciência e de entendimento, noutras paragens de luz infinitamente superiores a esta! Mas o aprendizado é maravilhoso, meus caros! E apraz-me sempre recebê-los, de tempos em tempos, e a muitos outros familiares e amigos estimados de Elysium, visando sempre, e acima de tudo, ao enriquecimento mútuo!

E, mudando ligeiramente a sua postura interna e externa, dirigiu-nos o olhar cheio de compreensiva solidariedade, anotando:

– Alguns dos que chegam no presente momento, oriundos dos campos de concentração infamantes do caos do Reich terreno, nos seus piores minutos de sofrimento quase descreram da existência do mesmo Deus de misericórdia, que, no entanto, aqui e agora, conosco, na continuidade generosa do porvir, é facilmente reconhecível! É que os dogmas institucionais religiosos do mundo, por ora, ainda são de modo a nem tudo esclarecer, queridos! Necessário que assim seja, pois temos missões e provações rudes a defrontar, diante das quais talvez fraquejássemos ante a possibilidade de interpretação errônea de que as delícias de certas paragens para além da morte estão destinadas, indiscriminadamente, a quem quer que lhe cruze os portais! – E, assegurou, mais sério e convicto: – Ledo engano! Porque aqui, na vida verdadeira, onde o que vige são as sintonias, cada qual colhe na exata medida o que semeou, em primeiro lugar, no universo íntimo, irradiando por meio de suas atitudes para o meio em que vive! E, em aqui chegando, qual a descoberta mais expressiva que não a de que, mesmo lá, na materialidade, quando tínhamos a memória prejudicada para o nosso passado nem sempre honroso, o que ainda e sempre nos magnetizava a esta ou àquela vivência ríspida, atroz, difícil, foram as nossas mesmas atitudes do passado esquecido?

– Mas... por que haveria de ser esquecido, Bernardo? – alguém se encorajou a perguntar, do meio da assembleia reunida, sem conseguir calar o seu questionamento, que, aliás, era o de muitos. – Porque me parece que esse esquecimento do passado é o que mais evoca o desespero, o não entendimento! Aparenta aos que sofrem, debaixo da contingência fortuita, que pagam com dor injusta uma vida atual por vezes laboriosa, já que não há como se recordar que, em algum outro momento, fizemos por desencadear, ou escolher, a vivência de tais revezes.

– Porque, meu amigo – Bernardo esclareceu na mesma hora, sem hesitar, com franqueza, mas endereçando ao seu ouvinte os olhos brilhantes da mais franca compreensão pelo que lhe ditava os seus dilemas mais íntimos –, um antigo e sanguinário guerreiro, que assassinou com requintes de crueldade uma família outrora venturosa, em alguma eventual nação inimiga do passado, não haverá de compreender, com a devida resignação, que a origem de toda a sua posição de subalternidade ou de humilhação da presente etapa corpórea, na pele de escravo ou de serviçal maltratado, reside lá atrás, nas regras que ele mesmo estabeleceu no trato com o seu semelhante, valendo, agora, nos efeitos certos da Lei do Retorno, e desta feita, para si mesmo.

O interlocutor que o abordara entre os assistentes atentos da assembleia nada mais fez, ante a resposta lúcida, exata, que agradecer, e baixar o olhar num ângulo, profundamente meditativo.

Mais tarde, viera ele a saber que fora – além de uma vítima recente dos campos de concentração do terceiro Reich –, também, em vida vivida nos milênios findos, e bem a propósito da resposta esclarecedora do experiente mentor, justo o mencionado líder guerrilheiro implacável, que impusera aos habitantes dos países inimigos que combatera o mais infamante gênero de morte de que se tem notícia, durante a triste e longa história dos conflitos sangrentos entre as nações da humanidade.

EPÍLOGO

*As campinas e os jardins residenciais de Elysium flores-
ciam e espargiam seus perfumes maravilhosos,* naquela
época em que, na materialidade, acontecia mais uma primavera terrena. A guerra findara, com a derrota das forças nazistas. Todavia, distanciada daquelas realidades tristes, tudo o que
restara de maior importância à minha consideração, rela-
cionada àqueles acontecimentos, era a continuidade das trajetórias de meu irmão Baruch e de Nadav, ainda
reencarnados e prosseguindo o seu aprendizado em fase
mais apaziguada, sob as diretrizes sempre generosas da família Levinski.

Katja e Nicolai, casados, houveram por bem adquirir,
por conveniência, residência no Rio de Janeiro, a fim de
que o rapaz desse continuidade à gestão bem-sucedida dos

negócios do pai na fazenda, quando este se afastava temporariamente com Elza para a sua propriedade do sul.

Assim, impôs-se desfecho mais do que bem-vindo ao triste drama vivido por Nadav e Katja, na fase inicial de sua estada no país que tão bem os acolheu, com oportunidade de teto seguro e trabalho digno.

Mais reconfortada, portanto, a partir desse quadro tranquilizador no que lhes dizia respeito, minha visita de monitoria ao irmão e ex-noivo queridos se restringia a visitas esporádicas, durante o aprendizado levado adiante com os meus tutores e demais trabalhadores de Recanto das Águas, deparando, gradativamente, outras frentes de serviço socorrista com amigos reencarnados ou em situação delicada de transição corpórea.

Qual família pródiga, prosseguiríamos, destarte, residindo ainda por longo tempo na bucólica morada dos campos do casal amigo de tutores, que nos acolheram amorosamente, desde o nosso retorno. Haveria de ser assim, até que nos fizéssemos por merecer, com serviço ativo, e segundo os parâmetros justos da vida nessas cidades depuradas, a obtenção de nossa própria residência familiar.

Seguiríamos dividindo tempos felizes, ocupados com as atividades de jardinagem, com estudo e aprendizado do ofício, que mais me interessava em Recanto das Águas na companhia de Ariel, também com horas deliciosas na participação dos diversificados lazeres de Elysium, durante os nossos períodos de repouso.

Nesses misteres, a aproximação e atração inequívoca entre mim e Bernardo se confirmou, espontânea. E pudemos, sob as bênçãos divinas, resgatar o verdadeiro grau de envolvimento existente entre nós, para a minha mais indizível felicidade!

Se Nadav, na face material da vida, fora o noivo com o qual me coubera a vivência da prova e do resgate, Bernardo se constituía no noivo da alma, deixado na espiritualidade à minha espera, quando do meu retorno à matéria. Alma companheira, com quem dividira laços sublimes de afeto desde há um sem contar de séculos no passado!

Destarte, ante essas novidades maravilhosas no contexto renovado de minha vida, Nadav, no que se relacionava à sua referência de antigo noivo na finda vida física, esmaeceu até quase se obscurecer por completo.

Com o passar do tempo, e sob a orientação sempre proveitosa de Bernardo, o novo companheiro de jornada que me tutorava com carinho indefectível na grandiosa cidade do invisível, restava claro ao meu entendimento que casos como o havido durante o meu reencontro com a Judite de outrora, sob a pele da cuidadora alemã, que me arruinara os dias ao delatar a minha ligação com Nadav, requisitariam de minha parte esforço sincero no exercício do perdão.

Diante de Judite, minha antiga vítima, quando vestiu a personalidade da jovem que arrebatara as atenções do então Benjamim em meu detrimento, e a *frau* Etzel dos tempos recentes, deveria me situar com exatidão, no sentido de que também quanto àquela alma perdida em sentimentos de revanche (pois que me reconhecera em nível espiritual, ao me reencontrar na Polônia), me caberia, de futuro, responsabilidade de reconciliação e rearmonização, onde anteriormente eu semeara ódio e profundas mágoas.

Não obstante, no que dizia respeito ao nobilíssimo Klaus, minha lição estava concluída! E eu, particularmente, sentia-me recompensada pelo Altíssimo, por ter obtido tantas e tão grandes bênçãos na cidade acolhedora daquelas dimensões etéreas da vida, quando julgava que ainda, e tanto, me cabia depurar e aprender!

Com a ajuda de sua integridade impoluta, herdada também por Nicolai, o seu valoroso filho, e colocada em prática nos momentos-chave dos acontecimentos recentes, tive redimida a minha culpa de passado.

De algum modo, em nível espiritual, ele, Klaus e Nadav – o antigo Aluísio – haviam se reconhecido! E este último buscara envidar, inconscientemente, a continuação dos seus ímpetos de vingança!

Debalde.

A generosidade sem limites daquelas almas de escol, sem que o supusessem de fato, nos auxiliaram na preocupante tarefa de prevenir Katja e Nadav a tempo. E, com isso, nossas piores perspectivas, felizmente, não se confirmaram!

Ah, Deus! Quanto nos ensinam, justamente aqueles que, no passado, consciente ou inconscientemente, buscamos prejudicar!

E, de cima de nossa injustificável arrogância, outrora ousamos nos considerar acima desses espíritos superiores, exclusivamente em razão de situações sociais passageiras na materialidade!

Quão sutis, insidiosas, são as lições aprendidas, a partir de todos esses enganos!

Nada disso, todavia, mais me importaria doravante! Agora, tudo repousava em serenidade, otimismo, e nas lembranças proveitosas de um passado já devidamente esclarecido.

E uma nova Esther renascia de suas próprias cinzas, cheia de esperanças e de um novo olhar para o futuro promissor!

Com todos aqueles entes amados, muito haveria ainda a reajustar, a reformular e a planejar, sob as bênçãos do Altíssimo, e ao longo da fecunda caminhada na eternidade, no porvir...

FIM

Romances imperdíveis!
Obras do espírito **Caio Fábio Quinto**
Psicografia de **Christina Nunes**

ENTRE JESUS E A ESPADA
Jesus havia acabado de passar pela Terra.
E as suas sementes começavam a brotar

SOB O PODER DA ÁGUIA
Uma viagem até a Roma Antiga na
qual o general Sálvio Adriano viverá
um grande drama em sua vida ao lado
de Helatz, sua prisioneira, e o irmão
dela, Barriot.

ELYSIUM - Uma História de
Amor entre Almas Gêmeas Cássia acordou em
uma cidade espiritual na Itália. E nem imaginava
que um grande amor estava à sua espera havia anos.

AMPARADORES DO INVISÍVEL
O que é um Amparador? Como atingir esse nível?
Na verdade, um Amparador nada mais é do que um
mentor espiritual que superou a barreira do amor egoísta
e aprendeu a dedicar ao tutelado no plano físico o amor fraternal.

PACTO DE AMOR ETERNO
Este romance tem como cenário a Ilha da Sicília,
situada ao sul da Itália. É lá que uma família típica de
camponeses sicilianos, os Braccio, depara com um desafio:
lidar com a rivalidade ferrenha e secular com os Lorenzzo
por questões de posse irregular de terras. Mas os caprichos
imprevisíveis do destino terminam por enredar
Giovanna e Marcelo nos sólidos vínculos do amor.

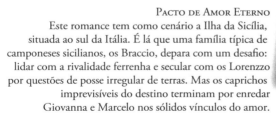

Livros da médium
Eliane Macarini
Romances do espírito
Vinícius (Pedro de Camargo)

Resgate na Cidade das Sombras

Virginia é casada com Samuel e tem três filhos: Sara, Sophia e Júnior. O cenário tem tudo para ser o de uma família feliz, não fossem o temperamento e as oscilações de humor de Virginia, uma mulher egoísta que desconhece sentimentos como harmonia, bondade e amor, e que provoca conflitos e mais conflitos dentro de sua própria casa.

Obsessão e Perdão

Não há mal que dure para sempre. E tudo fica mais fácil quando esquecemos as ofensas e exercitamos o perdão.

Aldeia da Escuridão

Ele era o chefe da Aldeia da Escuridão. Mas o verdadeiro amor vence qualquer desejo de vingança do mais duro coração.

Comunidade Educacional das Trevas

Nunca se viu antes uma degradação tão grande do setor da Educação no Brasil. A situação deprimente é reflexo da atuação de espíritos inferiores escravizados e treinados na Comunidade Educacional das Trevas, região especializada em criar perturbações na área escolar, visando sobretudo desvirtuar jovens ainda sem a devida força interior para rechaçar o mal.

Amazonas da Noite

Uma família é alvo de um grande processo obsessivo das Amazonas da Noite, uma falange de espíritos comandada pela líder Pentesileia. Elas habitam uma cidadela nas zonas inferiores e têm como inspiração as amazonas guerreiras de tempos remotos na Grécia.

Romances imperdíveis!
Obras do espírito Madalena!

Psicografia de Márcio Fiorillo

APENAS POR HOJE

Dois adolescentes, Bruno e André, se envolvem com um grupo de garotos da escola e vão a um show de rock'n roll. Influenciados por espíritos ignorantes são levados ao mundo das drogas e vícios. Mas recebem ajuda do plano espiritual para se livrar da influência desses espíritos.

PELOS CAMINHOS DA VERDADE

Olívia é casada com Júlio. De repente seu marido morre e ela é acusada de assassinato. Será culpada ou inocente? Uma história envolvente e cheia de suspense que mostra que só a verdade liberta das amarras que atrapalham a evolução espiritual.

UM OUTRO AMOR

Olívia é casada com Júlio. De repente seu marido morre e ela é acusada de assassinato. Será culpada ou inocente? Uma história envolvente e cheia de suspense que mostra que só a verdade liberta das amarras que atrapalham a evolução espiritual.

Leia os romances de Schellida!
Emoção e ensinamento em cada página!
Psicografia de **Eliana Machado Coelho**

Corações sem Destino
Amor ou ilusão? Rubens, Humberto e Lívia tiveram que descobrir a resposta por intermédio de resgates sofridos, mas felizes ao final.

O Brilho da Verdade
Samara viveu meio século no Umbral passando por experiências terríveis. Esgotada, consegue elevar o pensamento a Deus e ser recolhida por abnegados benfeitores, começando uma fase de novos aprendizados na espiritualidade. Depois de muito estudo, com planos de trabalho abençoado na caridade e em obras assistenciais, Samara acredita-se preparada para reencarnar.

Um Diário no Tempo
A ditadura militar não manchou apenas a História do Brasil. Ela interferiu no destino de corações apaixonados.

Despertar para a Vida
Um acidente acontece e Márcia, uma moça bonita, inteligente e decidida, passa a ser envolvida pelo espírito Jonas, um desafeto que inicia um processo de obsessão contra ela.

O Direito de Ser Feliz
Fernando e Regina apaixonam-se. Ele, de família rica, bem posicionada. Ela, de classe média, jovem sensível e espírita. Mas o destino começa a pregar suas peças...

Sem Regras para Amar
Gilda é uma mulher rica, casada com o empresário Adalberto. Arrogante, prepotente e orgulhosa, sempre consegue o que quer graças ao poder de sua posição social. Mas a vida dá muitas voltas.

Um Motivo para Viver
O drama de Raquel começa aos nove anos, quando então passou a sofrer os assédios de Ladislau, um homem sem escrúpulos, mas dissimulado e gozando de boa reputação na cidade.

O Retorno
Uma história de amor começa em 1888, na Inglaterra. Mas é no Brasil atual que esse sentimento puro irá se concretizar para a harmonização de todos aqueles que necessitam resgatar suas dívidas.

Força para Recomeçar
Sérgio e Débora se conhecem e nasce um grande amor entre eles. Mas encarnados e obsessores desaprovam essa união.

Lições que a Vida Oferece
Rafael é um jovem engenheiro e possui dois irmãos: Caio e Jorge. Filhos do milionário Paulo, dono de uma grande construtora, e de dona Augusta, os três sofrem de um mesmo mal: a indiferença e o descaso dos pais, apesar da riqueza e da vida abastada.

Ponte das Lembranças
Ricos, felizes e desfrutando de alta posição social, duas grandes amigas, Belinda e Maria Cândida, reencontram-se e revigoram a amizade que parecia perdida no tempo.